Spontan (3)

Arbeitsheft / Cahier d'activités

Susanne Ditschler-Cosse
Professeur agrégé
Collège Jean Renoir
Boulogne-Billancourt

Nathalie Faure-Paschal
Professeur agrégé
Collège Paul Eluard
Guyancourt

Delphine de Lamorte-Félines
Professeur certifié
Collège Alfred de Vigny
Courbevoie

Elisabeth Michaud
Professeur agrégé
Collège Pierre et Marie Curie
L'Isle-Adam

sous la direction pédagogique de
Wolf Halberstadt
IA-IPR
Académie de Paris

didier

Crédits Photographiques

40	From: Der kleine Herr Paul macht Ferien - Text: Martin Baltscheit - Illustration: Ulf K. © Möllers & Bellinghausen Verlag GmbH, München 2007
41 hd	Fototeca/Leemage
41 hg	La Collection/Domingie & Rabatti
50 hd - md	Camille Moirenc/hemis.f
50 hg	John Edward Linden/Arcaid/Corbis
50 mg	www.lescabanesdumency.com, avec tous nos remerciements,
61	Tim Scott/The Images bank/GettyImages
71	Kimberly White/Corbis
82	Topfoto/Roger Viollet
102	www.unicef.de, avec tous nos remerciements,
110	Ullstein Bild/Diagentur

Références des textes

14	Kari Ehrhardt, Alles anders © Carlsen Verlag GmbH, Hamburg/Germany 2007
33	Paul Maar, Lippels Traum © Verlag Friedrich Oetinger GmbH, Hamburg
43	From: Der kleine Herr Paul macht Ferien/Text: Marti Baltscheit/Illustration: Ulf K. © Möllers & Bellinghausen Verlag GmbH, München 2007
55	Kari Ehrhardt, Alles anders © Carlsen Verlag GmbH, Hamburg/Germany 2007
73	Kari Ehrhardt, Alles anders © Carlsen Verlag GmbH, Hamburg/Germany 2007
102	UNICEF Deutchland (http://www.schulenfuerafrika.de/projekte/projektlaender/ruanda/)
106	Ulrike Kuckero, Paulas Powerbuch © 2008 by Rowohlt Verlag GmbH, Reinbek
116	Emma's SchokoLaden par Stephan Sigg © 2006, MVG Medienproduktion und Vertriebsgesellschaft mbH, Aachen, Allemagne ISBN 978-3-88916-264-9 - No. de commande: 5 501 06 - www.eine-welt-shop.de
126	TheaterStück Verlag

Conception et direction artistique de la couverture : Christian Dubuis Santini © Agence Mercure
Principes typographiques des pages intérieures (hors réalisation, dessins, photos et iconographie) : Christian Dubuis Santini © Agence Mercure
Mise en page : Gudrun Challe - **Photogravure :** Eurésys
Édition : Alexandra Prodromides

Reportage photos : Matthias Schrader
Illustrations :
Lucile Ahrweiller : p. 12, 13, 20, 23, 32, 42, 45, 48, 49, 53, 54, 62, 72, 84, 95, 105, 115, 125
David Bart : p. 66, 67, 122
Camille Beurton : p. 29, 78
Bruno Conquet : p. 81, 86, 90, 93, 94
Alexandre Franc : p. 97
Chrystel Proupuech : p. 61
Volker Theinhardt : p. 124

Autoren und Verlag bedanken sich sehr herzlich bei:
Barbara Schreyögg und Stefan Dehne für den Kontakt zur Willy-Brandt-Gesamtschule und die Begleitung unseres Teams während des Aufenthalts in München,
Frau Lydia Lüthy-Kock für ihre intensive Unterstützung und den Schülern und Schülerinnen ihrer Klasse für ihren Enthusiasmus.
Ein ganz besonderes Dankeschön gilt natürlich Anna, Jakob, Jonas, Kilian, Lisa, Luana, Melanie, Sophie, Theresa und Vanessa für ihre Spontaneität, ihre gute Laune und ihre tollen Beiträge zu diesem Buch, seiner CD und DVD!
Herzlicher Dank gilt auch Elisabeth Dering-Schunk für Ihre Unterstützung und Valérie Achékian für ihre sorgfältige Analyse und die wertvolle Kritik und natürlich auch all denen, die das Projekt mit Ideen und Materialien bereichert haben!

ISBN 978-2-278-06835-7
Imprimé en Italie
Achevé d'imprimer en mars 2015 par l'imprimerie Rotolito Lombarda - Dépôt légal : 6835/07

Inhaltsverzeichnis | Sommaire

Einheit (1) Etappe 1

In der Schule

1 → *Buch, S. 9,* 1b. Neue Modetrends der Saison *Lies die Kommentare. Welche Kommentare passen zu welchem Model?*

	Kommentar 1	Kommentar 2	Kommentar 3	Kommentar 4
Stichwörter	....	....	....	....
Model: A, B, C oder D?	....	....	....	....

2 → *Buch, S. 9* > Und jetzt... *a. Wie ist es bei dir? In welchen Klamotten fühlst du dich wohl?*

a. Was trägst du gerne? ....

b. Was sind deine Lieblingsfarben? ....

c. Welche Farben passen zu dir? ....

d. Was ist deiner Meinung nach total out? ....

e. Was ist in? ....

f. Was ist dein Lieblingslook? ....

Zu Hause

***3** Welcher Begriff passt nicht zu den anderen? Streiche durch! Barre l'intrus.*

a. Anorak – Pullover – Schal – Badeanzug
b. T-Shirt – Jeans – Hose – Shorts
c. Pulli – Bermuda – Sweatshirt – Hemd
d. Baggypants – Sneaker – Sportschuhe – Stiefel

4 *Schreib die Sätze a. bis e. neu. Beginne deine Sätze mit den fett gedruckten Wörtern (siehe Grammatik-Übersicht, Seite 135). Réécris les phrases en plaçant l'élément en gras à la première place (cf. précis grammatical, p. 135).*

a. ich – **im Sommer** – oft – kurze Hosen – trage

....

b. stehe – **morgens** – ich – vor meinem Kleiderschrank – lange

....

c. trage – keine Miniröcke – **in der Schule** – ich

....

d. gefallen – lange T-Shirts – und – Baggypants – **mir**

....

e. **jedes Jahr** – kauft – sie – modische Sachen – sich

....

5 Schreibtraining *Schreib einen kleinen Text über dein Modevorbild. Wie sieht er/sie aus? Was magst du an ihm/ihr? Écris un texte court sur ton idéal de mode. Qu'est-ce qui te plaît chez lui/elle ?* → *

* Ce picto t'invite à utiliser ton cahier personnel pour ta rédaction.

In der Schule

6 → Buch, S. 10, 2a. Jede Menge Modetypen *Lies die Fragen aus einem Jugendmagazin und mach den Test.*

Deine Antworten

	a.	b.	c.
1	....	....	....
2	....	....	....
3	....	....	....
4	....	....	....
5	....	....	....
6	....	....	....

Zähle deine Punkte zusammen.

	a.	b.	c.
1	3	1	2
2	2	3	1
3	3	2	1
4	1	2	3
5	2	3	1
6	1	3	2

Lies das Ergebnis. Welcher Modetyp bist du?

6 → 9: der Modemuffel
Mode spielt bei dir keine Rolle. Morgens stehst du nicht vor deinem Kleiderschrank. Du nimmst einfach, was dir in die Hände fällt. Manchmal lachen die anderen dich aus, aber es ist dir egal. Wichtig ist der Charakter, nicht das Aussehen.

10 → 14: der/die Pragmatiker/in
Bei dir spielen Mode und Marken keine so große Rolle. Die neuesten Modetrends interessieren dich nicht. Du stehst auf Naturmaterialien und auf bequeme und praktische Klamotten.

15 → 18: der Modefreak
Du liebst es, neue Kleidung zu kaufen und gibst dein ganzes Taschengeld dafür aus. Jeden Tag bist du perfekt gestylt. „Im Trend liegen" ist das Wichtigste in deinem Leben. Aber: Wie wichtig sind dir deine Freunde?

7 **→ Buch, S. 11, 3a. Das ist mein Stil!** *Sieh dir das Foto von den Jugendlichen aus München an.*

1. Was haben sie an?

Anna: ....

Sophie: ....

Vanessa: ....

Jakob:
Sweatshirt mit Kapuze
Blaue Jeans
Sportschuhe

Melanie: ....

Luana: ....

Lisa: ....

Jonas: ....

2. *Welches Adjektiv passt zu ihnen?*

1. modisch – 2. elegant – 3. sportlich – 4. cool – 5. hiphop – 6. klassisch

Jonas .... Melanie .... Sophie ....

Luana .... Anna .... Vanessa ....

Lisa .... Jakob ....

2

8 → Buch, S. 11, 3b. Das ist mein Stil! *Hör dir das Interview mit Luana, Vanessa, Lisa, Jakob und Anna an. Was sagen sie über Kleidung und Mode?*

Es sprechen:
1. Vanessa
2. Luana
3. Vanessa
4. Luana
5. Anna
6. Lisa
7. Anna
8. Lisa
9. Anna
10. Jakob
11. Anna
12. Lisa
13. Jakob
14. Anna

	Mode	Morgens	Farben/Stil
 Vanessa			
 Luana			
 Lisa			
 Jakob			
 Anna			

9 → *Buch, S. 11, 4a.* Marken, Marken, Marken *Lies die Forumbeiträge. Welche sind für Marken, welche dagegen? Notiere Stichwörter.*

	Argumente für Marken	Argumente gegen Marken
Lisa		
Tim		
Sonja		
Tarkan		
Silvia		
Sophie		
Lukas		

Zu Hause

3

10 *Hör dir die Aufnahme an. Was hat Katja in ihrem Kleiderschrank? Écoute l'enregistrement. Quels vêtements se trouvent dans l'armoire de Katja ?*

11 Schreibtraining *Was hast du in deinem Kleiderschrank? Quels vêtements se trouvent dans ton armoire ?* →

12 *Verbinde jeden Nebensatz mit dem passenden Hauptsatz. Relie chaque subordonnée à la principale qui convient.*

a. Wenn ich aufstehe, •	• wenn man wegen seines Aussehens gemobbt wird.
b. Ich ziehe einen Anorak an, •	• ziehe ich an, was mir in die Hände fällt.
c. Wenn ich auf eine Party gehe, •	• wenn ich ein weit ausgeschnittenes T-Shirt trage.
d. Es nervt mich total, •	• kleide ich mich eher cool.
e. Meine Eltern schimpfen, •	• wenn es kalt ist.

4 **13** *Hör dir die Aufnahme an und antworte. Écoute l'enregistrement et réponds aux questions.*

a. ....

b. ....

c. ....

d. ....

14 *Ergänze die Sätze mit einem der folgenden Verben im Präsens. Tipp: Es sind starke Verben! (Grammatik-Übersicht, Seite 142-143) Complète les phrases avec l'un des verbes suivants. Conjugue-les au présent. Attention, ce sont des verbes forts ! (cf. précis grammatical, p. 142-143)*

gefallen – tragen – halten – fallen

a. Meine Freundin Anna .... nur Markenklamotten. – **b.** Was .... du davon? – **c.** Wichtig ist, dass die Sachen mir .... – **d.** Morgens zieht Lisa an, was ihr in die Hände .... – **e.** Ich .... immer bequeme Klamotten. – **f.** Mir .... der blaue Pulli nicht.

In der Schule

15 → **Buch, S. 12, 5a. Schulkleidung – gleicher Look für alle?** *Jeder Schüler liest einen Artikel und macht sich Notizen zum Thema Schuluniform/Schulkleidung. Wo wird sie eingeführt?*

Text A: Persönliche Erfahrungen

	Wo haben sie eine Schuluniform getragen?	Ihre Argumente
Silke	....	....
Sam	....	....
Hanna	....	....

Text B: Informationen

	In welchen Bundesländern?	In welchen Ländern?
Was für eine Schuluniform?		
Was für eine Schulkleidung?		

5 **16 → Buch, S. 12, 5c. Schulkleidung – gleicher Look für alle?** *Hör dir die Schulhof-Umfrage an. Ergänze deine Notizen.*

Für die Schuluniform	Gegen die Schuluniform

Zu Hause

17 *Antworte auf die Fragen, indem du die fett gedruckten Wörter durch* dafür *oder* dagegen *ersetzt. Réponds aux questions en remplaçant l'élément en gras par l'adverbe démonstratif* dafür *ou* dagegen.

a. Bist du **für Schuluniformen**? Natürlich bin ich ....

b. Was hältst du **von Markenklamotten**? Tja, ich habe nichts ....

c. Bist du **für Schuluniformen** für Lehrer? Ja, ich bin total ....

d. Was hältst du **von Piercings und Tattoos**? Ich bin ....

18 *Was bedeuten diese Ausdrücke? Kreuze die richtige Antwort an. Que signifient ces expressions ? Coche la bonne réponse.*

	Dire ce que l'on pense	Dire que l'on est d'accord	Dire que l'on n'est pas d'accord	Demander confirmation
Ich glaube, ...	❑	❑	❑	❑
Meinst du wirklich, dass ...	❑	❑	❑	❑
Das stimmt.	❑	❑	❑	❑
Ich meine, ...	❑	❑	❑	❑
Findest du, dass ...	❑	❑	❑	❑
Du hast Recht.	❑	❑	❑	❑
Damit bin ich nicht einverstanden.	❑	❑	❑	❑
Ich bin nicht deiner Meinung.	❑	❑	❑	❑

In der Schule

***19** → Buch, S. 14, 6a.* **In oder out?** *Sieh dir das Buchcover an. Was erfährst du über die Hauptperson und das Thema der Geschichte?*

Die Hauptperson

- ❑ Junge? / ❑ Mädchen? Alter? ....
- Aussehen? ....
- Charakter? ....

  ....
- Thema der Geschichte ....

  ....

***20** → Buch, S. 14, 7a.* **Alles Geschmackssache...** *Lies den ersten Teil (Z. 1 bis 15). Wie reagieren die Jugendlichen auf die Ich-Erzählerin, ihre Familie, ihre Kleidung? Notiere die Ausdrücke.*

a. Reaktion auf die Ich-Erzählerin: ....

....

b. Reaktion auf ihre Familie: ....

....

c. Reaktion auf ihre Kleidung: ....

....

21 → Buch, S. 14, 7b. Alles Geschmackssache... *Lies den zweiten Teil (Z. 16 bis 31) und mach dir Notizen zu folgenden Punkten.*

a. Meinung der Mutter und der Tochter zum Thema Mode: ....

....

b. Gekaufte Klamotten: ....

c. Reaktion der Eltern: ....

d. Reaktion der Mitschüler: ....

22 → Buch, S. 14, 7c. Alles Geschmackssache... *Lies den Text (Z. 32-37) und sieh dir die Bilder an. Welches Bild passt zu welcher Textstelle? Notiere die Zeilen.*

....

23 → Buch, S. 14 > Und jetzt... *Stell dir eine Szene vor. Du gehst mit deiner Mutter/mit einer Freundin shoppen. Bildet Tandems und spielt die Szene.*

Wer könnte das sagen... eine Mutter oder eine Freundin? Kreuze an.

	Mutter	Freundin
„Diese Farbe steht dir nicht."	❑	❑
„Diese Hose ist zu teuer!"	❑	❑
„Dieses T-Shirt ist einfach zu weit ausgeschnitten."	❑	❑
„Lila und Gelb passen einfach super zusammen!"	❑	❑
„Ich bin auch nicht so der Rot-Fan."	❑	❑
„Lila ist nicht meine Farbe."	❑	❑
„Du siehst wunderbar aus!"	❑	❑
„Wie findest du diese Pluderhose?"	❑	❑

Zu Hause

24 *Schreibtraining* *Schreib die Zusammenfassung des Textes. Écris le résumé du texte.*

Name der Ich-Erzählerin, Alter, Familie, Freunde, Klamotten

25 *Antworte auf die Fragen. Du kannst Adjektive verwenden, um deine Antwort präziser zu machen. Réponds aux questions. N'hésite pas à utiliser des adjectifs épithètes pour préciser ta réponse.*

a. Was ist cool? ....

b. Was ist peinlich? ....

c. Was ist altmodisch? ....

d. Was ist bequem? ....

e. Was ist scheußlich? ....

26 *Wie findest du ... Comment trouves-tu...*

a. Pluderhosen aus rotem Samt? ....

b. gelbe Sweatshirts mit Kapuze? ....

c. Jeans, die am Knie eng und unten weit geschnitten sind? ....

d. einen Minirock mit Overknee-Stiefeln? ....

e. Baggypants mit einer Lederjacke? ....

SPRACHE... MIT SYSTEM

Zu Hause

GRAMMATIK

1 *Schreibe die Sätze a bis d neu. Beginne deine Sätze mit den fett gedruckten Wörtern. Forme des phrases cohérentes en mettant l'élément en gras à la première place.*

a. ich – shoppen – **mit meiner Mutter** – oft — gehe – .

....

b. Marken – nicht wichtig – sind – **für mich** – .

....

c. kann – **Basketschuhe für 100 Euro** – ich – mir – nicht – leisten – .

....

d. ist – Pflicht – **an unserer Schule** – Schulkleidung – .

....

***2** Ergänze diese Sätze. Complète les phrases suivantes.*

a. Ich ziehe eine schicke Jeans an, wenn ....

b. Wenn ich gutgelaunt bin, ...

c. Ich kaufe mir neue Klamotten, wenn ....

d. Wenn ich shoppen gehe, ...

e. Es nervt mich, wenn ....

***3** Einverstanden oder nicht? Ergänze die Sätze mit* dafür *oder* dagegen. *Complète l'amorce de phrase en utilisant l'adverbe démonstratif* dafür *ou* dagegen.

a. Meine Mutter ist für Schuluniformen. Ich bin ....

b. Meine Freundinnen wollen shoppen gehen. Ich bin ....

c. Ich möchte mehr Taschengeld. Meine Eltern sind ....

d. Mein Bruder will mir bei der Matheaufgabe helfen. Ich bin ....

AUSSPRACHE

***4** Hör zu und wiederhole die Wörter. Ergänze sie mit „ei" oder „ie". Écoute et répète les mots. Complète-les avec « ei » ou « ie ».*

6

b......m – ......nkaufen – z......lstrebig – Kn...... – w......t – m......ne – selbstzufr......den – kl......den

***5** Hör dir den Textauszug an und lies dann vor. Écoute l'extrait puis lis-le à voix haute.*

7 Ich steuere beim Einkaufen immer zielstrebig das Regal mit den schicken Jeans an, die am Knie eng und unten weit geschnitten sind. „Die sind doch 08/15!", sagt meine Mutter dann und lacht selbstzufrieden. „Wir kleiden uns doch anders, wir kleiden uns individuell!"

Aus: Kari Ehrhardt, *Alles Anders*

Einheit 1 Etappe 2

In der Schule

1 → *Buch, S. 19,* 1b. Ich als... *Wie antwortest du?*

A

Wenn ich ...	wäre ich ...
... eine Farbe wäre,	
... eine Landschaft wäre,	
... ein modernes Gerät wäre,	
... ein Fehler oder eine Eigenschaft wäre,	
... ein Held wäre,	

B

Wenn ich ...	wäre ich ...
... ein Tier wäre,	
... eine Sprache wäre,	
... ein Film oder ein Buch wäre,	
... ein Kleidungsstück wäre,	
... ein Hobby wäre,	

8

2 → *Buch, S. 19,* 1c. Ich als... *Hör dir das Gespräch an. Von wem ist Fragebogen A, und von wem Fragebogen B? Was erfährst du Neues?*

	 Luana	 Anna	 Vanessa
Farbe			
Landschaft			

	 Luana	 Anna	 Vanessa
modernes Gerät	....	....	....
Tier	....	....	....
Film/Buch	....	....	....
Kleidungsstück	....	....	....
Hobby	....	....	....

Zu Hause

***3** Hör zu und beantworte die Fragen. Écoute et réponds.*

9

a. .... **d.** ....

b. .... **e.** ....

c. ....

***4** Was wärest du, wenn… Bilde mit A und B einen kompletten Satz. Que serais-tu si tu étais… Forme une phrase avec wenn à l'aide des rubriques A et B.*

A	B
ein Kleidungsstück	eine modische Jeans – ein Mini-Rock – ein Anorak
ein Hobby	Lesen – Fußball spielen – Tanzen
eine Landschaft	die Wüste – das Meer – das Gebirge

....

....

....

***5 Schreibtraining** Schreib einen Text über dich. Du kannst über den Fragebogen sprechen, du kannst erzählen, was du magst und nicht magst, was du in deiner Freizeit machst, von deiner Familie, deinen Freunden, usw. Rédige un texte sur toi. Tu pourras t'appuyer sur ton portrait chinois et tu parleras de ce que tu aimes, ce que tu n'aimes pas, de tes activités extra-scolaires, de ta famille, de tes amis, etc.* →

In der Schule

10 **6 → *Buch, S. 20,* 2a. Mein Bild** *Luana, Melanie und Vanessa sprechen über das Thema „Selbstporträts". Hör dir das Gespräch an. Mach dir Notizen zu folgenden Punkten:*

	 Luana	 Melanie	 Vanessa
Hintergrund[1]			
Verhalten[2]			
Charakter			

1. der Hintergrund: *l'arrière-plan, (ici) le fond* – 2. das Verhalten: *l'attitude*

7 → *Buch, S. 20,* 2c. Mein Bild *Lies jetzt Luanas Text und notiere, was neu für dich ist. Markiere diese neuen Informationen.*

Hallo!

Ich heiße Luana, ich bin 15 Jahre alt und gehe in die 8. Klasse in die Willy-Brandt-Gesamtschule. Ich wohne in München und habe einen kleinen Bruder. Aber wenn Sie mich wirklich kennen möchten, sind diese Informationen ungenügend... Sie sind nämlich sehr oberflächlich. Ich versuche mal, Sie auf den Weg zu mir zu führen! Wenn Sie zu mir kämen, würde ich Sie im Wohnzimmer oder in meinem Zimmer empfangen. Da fühle ich mich wohl, weil es immer ruhig ist. Und das mag ich! So bin ich eigentlich. Zu Hause bin ich oft nachdenklich, ruhig und entspannt. Mein Haus ist wie eine Insel, aber keine einsame Insel. Immer ganz allein sein gefällt mir nicht! Meine Familie ist sehr wichtig für mich. Ich verstehe mich ganz gut mit meiner Mutter. Manchmal streiten wir uns. Das ist normal aber nicht sehr oft. Und wenn meine Mutter schimpft dann fast immer auf Portugiesisch mit mir, wenn wir nicht allein sind. So schimpft sie mich nicht vor den anderen. Sie ist sehr rücksichtsvoll. Wenn ich eine Eigenschaft wäre, wäre ich „lustig". Ich bin immer guter Laune, fröhlich und ich lache gern mit meinen Freundinnen. Wir haben viel Spaß zusammen. Aber sie glauben, dass ich selbstbewusst bin. Das stimmt leider nicht. Wenn ich traurig bin, verstecke ich meine Gefühle. Ich bringe sie fast nie zum Ausdruck. Deshalb bewundere ich Maler wie Vincent van Gogh, die überhaupt keine Probleme damit hatten, ihre Gefühle in ihren Gemälden zu zeigen. Das kann ich einfach nicht.

8 → *Buch, S. 21,* 3a. Hinter dem Selbstporträt… *Zu zweit sucht ihr euch ein Selbstporträt aus. Lest die Fragen im Kasten und beantwortet sie für das Bild eurer Wahl.*

Unser Bild : ....

Fragen	Antworten
Wie alt ist er/sie?	....
Woher kommt er/sie?	....
Was ist er/sie von Beruf?	....
Wie ist seine/ihre Familie?	....
Wie fühlt er/sie sich heute?	....
Welche Eigenschaften/Fehler hat er/sie?	....
Was denkt er/sie gerade?	....
Hat er/sie Humor?	....
....	....
....	....
....	....
....	....

Zu Hause

11

***9** Hör dir die Aufnahme an und wähle für jede Situation das passende Adjektiv aus der Liste.*
Écoute l'enregistrement et choisis pour chaque situation l'adjectif qui convient. Attention aux intrus !

fröhlich – ruhig – lustig – entspannt – lächelnd – rücksichtsvoll – selbstbewusst – nachdenklich – einsam – traurig

a. .... **c.** ....

b. .... **d.** ....

10 *Antworte auf folgende Fragen. Réponds à ces questions à l'aide des éléments proposés.*
Beispiel: Warum wärest du gern die Eigenschaft „humorvoll"? → Weil ich gern lache.

> Ich bleibe gern mit meinen Freunden in Kontakt. Katzen sind selbstständig. Grün ist meine Lieblingsfarbe. Jeans sind cool!

a. Warum wärest du gern „eine Katze"? ....

b. Warum wärest du gern die Farbe „Grün"? ....

....

c. Warum wärest du gern „ein Handy"? ....

....

d. Warum wärest du gern „eine Jeans"? ....

12

11a. *Hör dir die Wörter an und wiederhole sie! Écoute les mots et répète-les.*

13

b. *Hör sie dir noch einmal an und ergänze sie mit „a" oder „ä". Réécoute-les et complète avec les voyelles « a » ou « ä ».*

1. M......ler – **2.** M......dchen – **3.** l......che – **4.** gef......llt – **5.** l......chelnd – **6.** w......re –

7. F......rbe – **8.** Ger......t – **9.** Landsch......ft – **10.** Sp......ß

12 Schreibtraining *Schreib einen kurzen Text über Luana: Alter, Wohnort, Charakter, Hobbys und Interessen (Klamotten). Écris un petit texte sur Luana : son âge, où elle habite, son caractère, ses centres d'intérêt (vêtements…).*

In der Schule

***13 → Buch, S. 22, 4b.* Bilder sprechen wirklich** *In den Kästen A - F findest du Fragen und Antworten zu jedem Porträt. Welche Antwort passt zu „deinem Bild"? Mach dir Notizen.*

Meine Wahl: Bild Nr. ....

Wie alt war dein Maler, als er dich gemalt hat?	Wo kann man dich sehen?	Wie sind deine Haare?	Wann hat Albrecht Dürer dich gemalt oder gezeichnet?	Was machst du mit deinen Händen?	Was sagt man von dir?
....	....	....	....	....	....
....	....	....	....	....	....
....	....	....	....	....	....

14 → Buch, S. 23 > Und jetzt… *Such dir ein Selbstporträt von einem anderen Maler aus und lass es „sprechen". Mach dir Notizen zu folgenden Punkten: Wie heißt der Maler? Wie heißt das Selbstporträt? Wann wurde es gemalt? Wie alt war der Maler, als er sich darstellte? Wie hat sich der Maler dargestellt? (Kleider, Gesicht, Haare, Blick, Verhalten…) Deine Meinung zum Selbstporträt?*

Zu Hause

15 *Was ist was? Schreib die passenden Begriffe neben die Zeichnung. Légende le dessin avec le mot qui correspond.*

....

....

....

....

....

das Gesicht – die Haare – die Locken – der Pony – die rechte Hand – die linke Hand – der Zeigefinger – die Nase – die Augen

16 *Ergänze folgende Sätze mit der richtigen Verbform im Präteritum. Complète les phrases suivantes avec le prétérit des verbes entre parenthèses.*

Albrecht Dürer .... ein talentierter Maler. *(sein)* 1484 ....

Albrecht Dürer eine Lehre als Goldschmied. *(machen)* Er .... und

.... oft sich selbst. *(zeichnen/malen)* Im Jahre 1494 ....

er Agnes Frey. *(heiraten)* 1494 und 1505 .... er nach Italien. *(reisen)*

17 Schreibtraining *Schreibe Dürers Biographie. Du kannst im Buch auf Seite 22 Hilfen finden und du kannst auch in der Bibliothek oder im Internet nach anderen Informationen suchen. Rédige la biographie d'Albrecht Dürer. Aide-toi des informations de la page 22 du manuel et recherche au CDI ou sur Internet les informations qui te manquent.*

• Wann und wo er geboren und gestorben ist
• Familie/Erziehung • Bildung – Reisen – Werk – Kunststil…

In der Schule

18** → **Buch, S. 24, 5 **Allein?** *Sieh dir das Foto an. Mach Hypothesen über den Jungen: Wie stellst du ihn dir vor?*

Auf dem Foto sieht man ....

Deshalb stelle ich mir vor, dass ....

Ich glaube, dass ....

Meiner Meinung nach ....

Vielleicht ....

19** → **Buch, S. 24, **6a. Der unglückliche Jan** *Lies den Text (Z. 1-12 bis „Leandras…") und mach dir Notizen: Wo ist Jan? Was erfährst du über ihn (Aussehen/Stimmung), was sagen die Anderen? Was denkt er? Wie fühlt er sich?*

Jan ist in ....

Wie er sich selbst sieht (Gesicht, Klamotten…): ....

Wie die Anderen ihn sehen: ....

Wie er darauf reagierte: ....

20 → ***Buch, S. 24,*** **6b. Der unglückliche Jan** *Es gibt ein Mädchen… Notiere, was du über es erfährst (Z. 12-15): Name, Beziehung zu Jan, Freizeit…*

....

....

21** → **Buch, S. 24, **8b. Der glückliche Daniel** *Jan macht sein Selbstporträt. Wie stellt er sich dar? Kreuze an und zitiere einen Auszug aus dem Text. Die Notizen helfen dir, Jans Porträt zu machen.*

		Text
humorvoll	❏	....
einsam	❏	....
kontaktfreudig	❏	....
zuverlässig	❏	....
offen	❏	....

22 → Buch, S. 24 > Und jetzt… *Erzähle in einem kurzen Text die Ereignisse, die ihr euch in der Gruppe ausgedacht habt.* →

Gruppe A	Gruppe B	Gruppe C
Beim Treffen Dialog: Leandra/Jan	Nach dem Treffen innerer Monolog: Leandra	Am nächsten Tag in der Schule Dialog: Leandra/Jan/die Anderen?

Zu Hause

23 *Ergänze folgende Sätze mit der richtigen Verbform im Präteritum. Complète avec le prétérit des verbes entre parenthèses.*

Jan lag auf dem Boden und .... in den Spiegel seines Schranks. *(starren)* Er .... diesen Spiegel. *(hassen)* Aber das .... ja jetzt nicht das Problem. *(sein)* Es ging um die Pickel auf seiner Stirn, um die zehn Kilo, die er zu viel und die In-Klamotten, die er zu wenig .... *(haben)* Vor allem ging es darum, dass Jan versucht ...., einfach mal ganz anders zu werden. *(haben)*

24 *Antworte auf die Fragen. Réponds aux questions suivantes.*

a. Was kann Jan nicht mehr ertragen? Er kann nicht mehr ertragen, dass ....

....

b. Was hat Jan am Anfang des Schuljahrs entdeckt? Er hat entdeckt, dass ....

....

c. Was kann Jan in Leandras Blog lesen? Er kann lesen, dass ....

....

d. Was hat Jan in seiner ersten Antwort an Leandra geschrieben? Er hat ihr geschrieben, dass .....

....

Zu Hause

GRAMMATIK

1 *Die Münchner Jugendlichen kennst du jetzt gut. Ergänze die Sätze. Maintenant, tu connais bien les jeunes de Munich. Complète les phrases.*

a. Vanessa mag Schildkröten, weil ……………………………………………………………

……………………………………………………………………………………………

b. Luana mag das Meer, weil ……………………………………………………………

……………………………………………………………………………………………

c. Vanessa mag singen, weil ……………………………………………………………

……………………………………………………………………………………………

d. Sie mag den Film „Die zehn Regeln der Liebe“, weil ……………………………………

……………………………………………………………………………………………

2 *Schreib für jedes schwache Verb das richtige Pronomen und bilde einen Satz. Ajoute devant chacun des verbes faibles ci-dessous les pronoms qui conviennent puis forme une phrase cohérente.*

a. Er zeichnete → Er zeichnete viele Selbstporträts.

b. ………… gingen → ……………………………………………………………

c. ………… schrieben → ……………………………………………………………

d. ………… machte → ……………………………………………………………

e. ………… las → ……………………………………………………………

f. ………… malten → ……………………………………………………………

g. ………… interessierte → ……………………………………………………………

3 *War oder wäre? Complète avec la forme verbale qui convient.*

a. Wenn ich ein Tier …………… , …………… ich eine Katze. – **b.** Von 1494 bis 1505 ……… Albrecht Dürer in Venedig. – **c.** Dürers Vater …………… Goldschmied. – **d.** Wenn ich ein

Kleidungsstück .... , ... ich eine Jeans. – **e.** Ich .... gerne ein Handy, weil Handys modern und praktisch sind.

4 *Was wärest du, wenn du ...? Ergänze die Sätze und begründe deine Antwort. Que serais-tu si... Complète les phrases et justifie ta réponse.*

a. ... ein Beruf wärest? Wenn ich .... ,

.... weil

....

b. ... ein Star wärest? Wenn ich .... ,

.... weil

....

c. ... ein Film wärest? Wenn ich .... ,

.... weil

....

AUSSPRACHE

14 ***5a.*** *Hör dir diese Wörter aus dem Text S. 25 an. Kreuze an, ob der Laut „i" kurz* [ɪ] *oder lang* [iː] *ist. Écoute les mots suivants extraits du texte, p. 25 de ton manuel. Coche si la voyelle « i » est brève* [ɪ] *ou longue* [iː].

	1	2	3	4	5
[ɪ]	❑	❑	❑	❑	❑
[iː]	❑	❑	❑	❑	❑

b. *Hör dir den Textauszug an und lies dann vor. Écoute l'extrait puis lis-le à voix haute.*

15 Unterschrieben hatte er mit Daniel. Wegen Daniel Brühl, dem Schauspieler. Leandra hatte sofort geantwortet. Sie war neugierig auf diesen Daniel. Das war der Anfang vom Ende, dachte Jan jetzt. Wie Jan sei, wollte sie wissen.

Aus: Marleen Dörfler, *Jans Traum vom echten Glück*

Einheit ① Etappe 3

In der Schule

16 **1 → *Buch, S. 29,* 1b. Wir sprechen nicht nur eine Sprache…** *Hör dir die Interviews der Münchner Schüler an. Welche Sprachen gibt es in ihrem Leben? Mach dir Notizen zu den verschiedenen Punkten:*

	Sprachen	zu Hause	in der Schule	Mit wem?
 Anna	……………… ………………	❑ ❑	❑ ❑	……………… ………………
 Vanessa	……………… ………………	❑ ❑	❑ ❑	……………… ………………
 Sophie	……………… ………………	❑ ❑	❑ ❑	

Zu Hause

2 *Konjugiere das Verb* sprechen *im Präsens. Conjugue le verbe* sprechen *au présent.*

a. Bei mir zu Hause ……………… wir vor allem Deutsch. – **b.** Mein Vater ……………… Arabisch. – **c.** Und du, ……………… du auch Arabisch? – **d.** Nein, ich ……………… nur Deutsch und Englisch. – **e.** Meine Großeltern kommen aus Polen, sie ……………… Polnisch und Deutsch.

3 *Bilde Sätze mit der temporalen Konjunktion* wenn. *Construis des phrases en utilisant la conjonction temporelle* wenn.

a. Ich – mit Freunden zusammen sein – gern Jugendsprache sprechen

………………………………………………………………

b. Wir – in der Schule sein – Deutsch sprechen müssen

………………………………………………………………

c. Ich – nach Deutschland fahren – versuchen, Deutsch zu sprechen

………………………………………………………………

4a. *Hör dir die Wörter an und markiere den Wortakzent. Écoute les mots et marque l'accent.*

17 Russisch – Chinesisch – Französisch – Spanisch – Italienisch – Türkisch – Englisch

b. *Hör dir die Aufnahme noch einmal an und sprich nach. Réécoute l'enregistrement et répète les mots.*

18

5 Schreibtraining *Schreibe einen kurzen Text: Welche Sprachen sprichst du? Mit wem? Wann? Wo? Rédige un petit texte sur l'utilisation des différentes langues dans ta vie : quelles langues parles-tu / avec qui ? Quand ? Où ?*

In der Schule

19 **6 → Buch, S. 30, 2a. Ist Sprache ein Zuhause?** *Hör dir zuerst das Interview mit Anna und Vanessa an. Was sagen sie zu folgenden Punkten?*

	Muttersprache und Heimat	Sprache und Familie	Sprache und Kultur
 Anna			
 Vanessa			

20 **7 → Buch, S. 30, 2b. Ist Sprache ein Zuhause?** *Hör dir jetzt das Interview mit Lisa, Jakob und Luana an. Welche Rolle spielt Bayerisch in ihren Familien? Wie finden sie diesen Dialekt? Vergleiche mit Anna und Vanessa.*

	 Lisa	 Jakob	 Luana
Welche Rolle spielt Bayerisch? groß/klein/wichtig/nicht wichtig...			

	Lisa	Jakob	Luana
Wie finden sie den Dialekt? gut/schön/lustig/lächerlich…			

8 → *Buch, S. 30,* 3a. Bayerisch: in oder out? *Jeder Schüler liest einen der beiden Texte und macht sich Notizen. Welche Argumente gibt es für Bayerisch? Welche dagegen?*

	Text A	Text B
dafür (+)		
dagegen (–)		

21

9 → *Buch, S. 31,* 4a. Schwyzerdütsch ist in! *Lies die Kurzbiografie des Musikers Greis und mach dir Notizen: Wo lebt er? Welche Sprachen spricht er? Welche Berufe hat er? Hör dir jetzt das Interview an. Ergänze deine Notizen.*

	Text A	Radio-Interview
Wo lebt Greis?		
Welche Sprachen spricht er?		
Welche Berufe hat er?		

22

10 → Buch, S. 31, 4b. Schwyzerdütsch ist in! *Du hörst einen Song von Greis. Was ist ungewöhnlich? Suche im Text B nach mehr Informationen zum Song.*

....

....

....

....

Zu Hause

11 *Konjugiere das Modalverb* können *im Präsens! Conjugue le verbe de modalité* können *au présent.*

a. Wir .... alle gut Deutsch. – **b.** Er .... leider kein Spanisch. –

c. .... du vielleicht Russisch? – **d.** Sie .... das nicht. –

e. Ich .... das, klar! – **f.** Ihr .... gut Bayerisch, das finde ich toll!

12 *Welches Wort passt nicht zu den anderen? Streiche durch! Chasse l'intrus !*

a. Spanisch – Russisch – Arabisch – Bayerisch – Deutsch – Polnisch
b. sprechen – hören – singen – sagen – schreien – reden – diskutieren
c. Onkel – Cousine – Verwandte – Eltern – Bruder – Freund – Mutter – Großvater
d. lustig – lachen – komisch – ernst – lächeln – glücklich – sich freuen
e. finden – denken – meinen – glauben – wissen – essen

13 *Mit Hilfe des Komparativs machst du eine Zusammenfassung der beiden Texte. Résume les deux textes du manuel en mettant les adjectifs entre parenthèses au comparatif.*

a. Bayerisch ist .... als Hochdeutsch. *(kurz)* – **b.** Der bayerische Dialekt hat .... Buchstaben. *(wenig)* – **c.** Man kann Bayerisch .... tippen. *(schnell)* – **d.** Zweisprachige Kinder lernen .... Fremdsprachen. *(leicht)* – **e.** Sie sind .... in der Schule als einsprachige Kinder. *(gut)*

14 *Ergänze den kleinen Text über den Rapper Greis! Complète le texte sur le rappeur Greis.*

Greis .... am 3. April 1978 in Lausanne .... Seine Muttersprache .... Französisch. Mit fünf Jahren .... er in die Schweizer Hauptstadt Bern. Dort .... er jetzt auch den Schweizerdeutschen

Dialekt. Schon in der Schule .... Musik eine große Rolle für ihn und er

.............................., Musik zu machen.

In der Schule

15** → **Buch, S. 32, **5a. Die Schweiz, la Svizzera, la Suisse…** *Hier siehst du eine Karte der Schweiz. Wie heißen die Orte, die Berge und die Seen auf Italienisch?*

die Orte	die Berge	die Seen
....	....	....
....	....	....
....	....	....
....	....	....

5b. *Kennt ihr diese Namen auf Französisch?*

....

....

....

....

....

16** → **Buch, S. 33, **6b. Schwyzerdütsch für Anfänger** *Lies die Dialoge A, B und C. Welcher Dialog passt zu welchem Bild?*

Dialog ....

Dialog ....

Dialog ....

17 → Buch, S. 33 > Und jetzt… *In einem mehrsprachigen Land ist es manchmal schwer, sich zu verstehen. In welcher Situation kann es Schwierigkeiten geben? Wie könnte man das Problem lösen? Mach Vorschläge!*

Situation:	im Restaurant	in der Schule	…
Schwierigkeit:	Speisekarte lesen	Schüler, die verschiedene Sprachen sprechen	…
Lösung:	mehrsprachige Karte schreiben	Sprach-AGs anbieten	…

Zu Hause

24

18 *Hör dir die Aufnahme an und antworte auf die Fragen. Écoute l'enregistrement et réponds aux questions.*

a. .... **d.** ....

b. .... **e.** ....

c. ....

19 *Hast du ein Glück! Ergänze die Sätze mit dem Infinitiv mit* zu. *Quelle chance tu as ! Précise en utilisant l'infinitif complément avec* zu.

a. Ich habe die Chance, ... *(Fremdsprachen lernen)*

b. Ich habe die Chance, ... *(gute Freunde haben)*

c. Ich habe die Chance, ... *(viel lernen können)*

d. Ich habe die Chance, ... *(immer wieder Hilfe bekommen)*

e. Ich habe die Chance, ... *(viel Spaß mit Freunden haben)*

In der Schule

20 → Buch, S. 34, 7 Wer ist wer? *Lies die Einführung in den Text, in der du Informationen über die Hauptperson der Geschichte findest.*

Wie heißen die Personen?	....
Woher kennen sie sich?	....
Warum sind sie heute zusammen?	....

21 → ***Buch, S. 34,* 8b. Eine neue Welt?!** *Lies jetzt den zweiten Teil des Textes (Z. 18-42). Lippel entdeckt die Welt der Güneys. Notiere, was in der Wohnung für ihn türkisch ist und was nicht.*

neu / türkisch	bekannt / deutsch

22 → ***Buch, S. 34,* 8c. Eine neue Welt?!** *Lies den Text noch einmal und sammle Informationen über das Sprachprofil von Lippel, Frau Güney, Hamide, Arslan. Sprechen und verstehen sie nicht/gut/ganz gut/sehr gut/perfekt Deutsch oder Türkisch?*

	Lippel …	Frau Güney …	Hamide …	Arslan …
versteht Türkisch				
spricht Türkisch				
versteht Deutsch				
spricht Deutsch				

Welche Sprache sprechen sie wo? Formuliere die Sätze!

Lippel — in der Schule
Frau Güney — Deutsch sprechen — zu Hause
Hamide — Türkisch sprechen — mit Freunden
Arslan — mit der Familie

23 → ***Buch, S. 34*** > Und jetzt… *Auch du warst sicher schon einmal in einer ähnlichen Situation wie Lippel. Erzähle davon.*

Einmal war ich / Vor … Jahren / Wochen / Tagen / Letztes Jahr / … →

Zu Hause

***24** Ergänze die Sätze mit dem Infinitiv mit zu. Complète le texte en utilisant l'infinitif avec zu.*

a. Lippel freut sich, ... *(die Mutter kennen gelernt haben)*

b. Lippel findet es toll, ... *(türkisches Essen probiert haben)*

c. Lippel ist zufrieden, ... *(mehr über seine Freunde wissen)*

d. Lippel ist glücklich, ... *(neue Freunde gefunden haben)*

SPRACHE... MIT SYSTEM

Zu Hause

GRAMMATIK

***1** Ergänze mit dem passenden Verb. Complète avec le verbe qui convient. N'oublie pas de le conjuguer à la bonne personne !*

lesen – helfen – sprechen

a. Anna .... gerne Krimis. – **b.** Ich .... lieber Liebesromane. – **c.** Sandra .... ihrem Bruder bei der Matheaufgabe. – **d.** Ich .... mit meinem Vater Deutsch und mit meiner Mutter Französisch. – **e.** Meine Großeltern .... oft Bayerisch.

***2** Sprachen und du: Was ist deine Meinung? Bilde Sätze mit A und B! Les langues et toi : dis ce que tu en penses en associant les éléments des colonnes A et B.*

A	B
Es ist leicht. Ich finde es langweilig. Es ist spannend. Ich habe keine Lust. Es ist toll!	Sprachen lernen mit Menschen aus anderen Länderen in Kontakt kommen in einer anderen Sprache sagen, was man will Vokabeln lernen über eine andere Sprache nachdenken

....

....

....

....

....

***3** Ergänze mit einer Komparativ-Form. Complète avec la forme du comparatif qui convient.*

a. Ist Spanisch .... als Italienisch? *(leicht)*

b. Tim spricht .... Englisch als Französisch. *(gern)*

c. Französisch ist .... als Spanisch. *(schwer)*

d. Mein Vater spricht .... Polnisch als Deutsch. *(gut)*

e. Meine Schwester kann .... Sprachen als ich. *(viel)*

***4** Können oder nicht können, das ist die Frage! Ergänze den Text! Savoir faire ou pas ? Complète le texte.*

„ .... du verstehen, was er sagt? Nein, ich .... ihn auch nicht hören, er spricht so leise! Meinst du, er .... lauter sprechen? Sicher, wir .... ihm helfen und ein Mikrofon holen. He, hallo, die Techniker, ... ihr ein Mikrofon bringen?“

AUSSPRACHE

25 ***5a.** Hör dir die Wörter an. Kreuze an, ob der Vokal a kurz* [a] *oder lang* [aː] *ist. Écoute les mots. Coche si la voyelle a est brève* [a] *ou longue* [aː].

	1	2	3	4	5	6	7	8	9	10	11	12
[aː]	❑	❑	❑	❑	❑	❑	❑	❑	❑	❑	❑	❑
[a]	❑	❑	❑	❑	❑	❑	❑	❑	❑	❑	❑	❑

26 ***b.** Hör dir die Aufnahme noch einmal an und sprich nach. Réécoute l'enregistrement et répète les mots.*

27 ***c.** Hör dir den Textauszug an und lies dann vor. Écoute l'extrait puis lis-le à voix haute.*

Lippel schaute sich neugierig um. Eigentlich sah es aus wie in Frau Jeschkes Wohnzimmer auch. Das einzige, was man gleich als türkisch erkannte, war die Musik.
Ein Kassettenrekorder spielte türkische Lieder. Dann gab es noch ein paar Fotos und Ansichtskarten neben dem Wandteppich hinter dem Sofa, denen man ansah, dass sie türkisch waren. Auf einem Foto sah er eine Stadt.

Aus: Paul Maar, *Lippels Traum*

In der Schule

28 **1 → *Buch, S. 45,* 1b. Im Museum** *Hör dir das Interview mit Luana, Kilian und Vanessa an. Vergleiche mit der Meinung der Klasse zu folgenden Punkten:*

	Das blaue Pferdchen	Mädchen unter Bäumen
Farben / Motive		
Atmosphäre / Eindrücke		

29 **2 → *Buch, S. 45,* 1c. Im Museum** *Hör dir das Interview mit dem Museumsführer an. Er gibt weitere Informationen zu den Malern. Ergänze deine Notizen.*

	Franz Marc	August Macke
Zeit		
Farben		
Motive		

ZU HAUSE

***3** Schreib die Wörter in die richtige Spalte. Écris chacun des mots ci-dessous dans la rubrique qui convient.*

orange – Gebirge – rechteckig – quadratisch – hellblau – rund – Dreieck – Pferd – Kreis – Quadrat – grün – lila – Baum – rot – gelb – Viereck – dunkelblau – Fluss – Mädchen

Farben	*Formen*	*Motive*
....	*Nomen*	....
....	....	....
....	....	....
....	....	....
....	*Adjektive*	....
....	....	
....	....	

30 ***4** Hör zu und zeichne, was du hörst. Écoute l'enregistrement et dessine ce que tu entends.*

In der Schule

31 ***5** → **Buch, S. 46, 2a.** **Bilder und Stile** Hör dir das Interview mit Jonathan an. Was sagt er über den Blauen Reiter? Mach dir Notizen. Stimmt alles, was er sagt?*

Worüber spricht Jonathan?

Personen: ....

Aktivität: ....

Zeit: .... Ort: ....

Was sagt er über sich?

Wohin ist er gegangen? ....

....

Mit wem? ....

Was hat er gesehen? ....

***6 → Buch, S. 46,* 2b. Bilder und Stile** *Jede Gruppe liest einen der Texte aus dem Ausstellungskatalog und sammelt Informationen zu dem Maler.*

	Gabriele Münter	Wassily Kandinsky	Franz Marc	August Macke
Geburt	....	....	....	....
Studium	....	....	....	....
Reisen	....	....	....	....
Lieblingsmotive	....	....	....	....
Tod	....	....	....	....
Berühmte Bilder	....	....	....	....

***7 → Buch, S. 47,* 2c. Bilder und Stile** *Waren Jonathans Informationen richtig?*

Jonathan hat zwei Fehler gemacht: ....

....

Welcher Maler hat welches Bild gemalt?

Maler	Franz Marc	August Macke	Gabriele Münter	Wassily Kandinsky
Bild Nr.	....	....	....	....

32

8 → Buch, S. 47, 2d. Bilder und Stile *Hör dir jetzt den Kommentar des Museumsführers an. Er spricht über die Bilder, aber in welcher Reihenfolge?*

Kommentar	1	2	3	4
Indizien	....	....	....	....
Bild Nr.	....	....	....	....

ZU HAUSE

9 *Setze die Verben ins Präteritum. Mets les verbes entre parenthèses au prétérit.*

a. Kandinsky .... ab 1939 in Neuilly-sur-Seine. *(leben)* – **b.** Der Maler .... durch ganz Europa. *(reisen)* – **c.** Mit 30 .... er eine Karriere als Künstler. *(beginnen)* – **d.** Die Bilder von Cézanne .... wir zum ersten Mal in Paris. *(sehen)* – **e.** Franz Marc und August Macke .... beide im Ersten Weltkrieg. *(sterben)* – **f.** Im Jahre 1911 .... Wassily Kandinsky und Franz Marc den Blauen Reiter. *(gründen)* – **g.** Franz Marc .... am liebsten Tiere. *(malen)*

10 *Verbinde die Sätze, die zusammenpassen! Relie les propositions qui vont ensemble !*

a. Als Kandinsky 30 Jahre alt war, •	• lernte er die französischen Impressionisten kennen.
b. Als Gabriele Münter nach München kam, •	• gingen wir regelmäßig ins Museum.
c. Als ich in der achten Klasse war, •	• begann er eine Künstlerkarriere.
d. Als Macke nach Paris reiste, •	• verliebte sie sich in Kandinsky.

11 *Hör zu und kreise die richtige Antwort ein. Écoute l'enregistrement et entoure la bonne réponse.*

33

1. Gabriele Münter – mit seinem Freund – im Jahre 1866

2. im September 1914 – an der Malschule von Wassily Kandinsky – elegante Frauen und Männer

3. nach Paris – die französischen Impressionisten – in München

4. Cello und Klavier spielen – Gabriele Münter – Tiere

5. in der Nähe von München – Franz Marc und Wassily Kandinsky – nach Tunesien

6. an der Düsseldorfer Kunstakademie – Jura –1962

7. mit Gabriele Münter – in Neuilly-sur-Seine – im Jahre 1896

8. in der Nähe von München – nach Italien, Holland, Frankreich und Tunesien – 1880

9. von 1898 bis 1900 – August Macke – Interieurszenen

10. Cello und Klavier spielen – geometrische Formen – im Februar 1914

In der Schule

***12 → Buch, S. 48,* 3a. Kandinsky und der Blaue Reiter, immer noch aktuell** *Jede Gruppe liest einen Artikel und macht sich Notizen zu folgenden Punkten:*

	Ein Kandinsky für Weilheim	Brücken zwischen Künsten
Person	....	....
Projekt	....	....
Ort	....	
Teilnehmer	....	....
Motivation	....	....

Zu Hause

***13** Beantworte die Fragen nach dem Beispiel. Réponds aux questions selon le modèle.*

Wann lernte Kandinsky Gabriele Münter kennen? [Er war Direktor einer Malschule.]
→ Als er Direktor einer Malschule war.

Er war 30 Jahre alt. – Er reiste durch Bayern. – Er war in München. – Er war in London.

a. Wann kam Kandinsky nach München?

....

b. Wann lernte er die kleine Stadt Weilheim kennen?

....

c. Wann studierte er an der Kunstakademie?

....

d. Wann interessierte der Architekt Florian Lechner sich für das Bild Kandinskys?

....

***14** Assoziiere die Wörter mit dem passenden Verb. Associe les expressions avec le verbe qui convient.*

a. einen Preis •	• entwerfen
b. Musik •	• interpretieren
c. ein Kunstprojekt •	• erinnern
d. ein paar Tage •	• komponieren
e. an den Klang einer Trompete •	• bekommen
f. seine Kompositionen •	• kommen
g. auf die Idee •	• verbringen

36

***15** Hast du die Artikel der Seiten 48-49 gründlich gelesen? Hör zu und beantworte die Fragen. As-tu bien lu les articles de la rubrique « Schlüssel zu » ? Écoute et réponds aux questions.*

a. ....

b. ....

c. ....

d. ....

e. ....

f. ....

g. ....

In der Schule

16 → Buch, S. 50, 4 Ferien! Zeit zum..., *Sieh dir das Buchcover an. Was erfährst du über die Hauptperson?*

Wie heißt er?

....

Wie sieht er aus?

....

Was macht er?

....

Wo ist er?

....

Wann spielt die Szene?

....

Wie ist das Wetter?

....

17 → Buch, S. 50, 5a. Ein Regentag im Museum *Lies den ersten Teil (Z. 1-18). Was sind die Unterschiede zwischen dem Buchcover und der ersten Szene?*

	in der ersten Szene
Wetter	....
Ort	....
Hobby	....

18 → Buch S. 50, 5b. Ein Regentag im Museum *Lies die Textstelle und markiere die Nomen (bis auf Herr Paul) mit einem Farbstift.*

„Manches Bild braucht mehr als tausend Worte, um es zu beschreiben", dachte der kleine Herr Paul und versuchte, die Pinselstriche zu zählen, weil er sich ausrechnete, dass ein Pinselstrich genausoviel wert sein müsste wie ein Wort. Die leuchtenden Farben waren schön wie Sätze. Es gab auch aufgeteilte Bilder, ganz so wie die Kapitel in einem Buch.

Schreib die markierten Nomen in die richtige Spalte.

malen	lesen
Bild..	....
....	....
....	....

Womit vergleicht der Erzähler die Bilder?

...

...

...

19 → Buch, S. 50, 5c. Ein Regentag im Museum *Lies den dritten Teil (Z. 27-33). Wo spricht er von welchem Bild? Notiere die Zeilen. Wie findet er diese Bilder?*

Zeile .... bis ....

Zeile .... bis ....

...

...

20 → Buch, S. 50, 6a. Museum – nein danke! Oder? *Lies die Sätze Z. 11-13 und Z. 40. Welche gegensätzlichen Gefühle hat der Erzähler?*

Notiere die Sätze Z. 11-13. ...

...

Notiere den Satz Z. 40. ...

...

Zu Hause

21 *Streiche durch! Barre l'intrus.*

a. Buch – Meer – Satz – Wort – Kapitel
b. Bild – Pinselstriche – Farben – Wiese – Motive
c. Becken – Zeile – Bad – Springbrunnen – Wunderbrunnen
d. Regen – Wasser – Meer – Jungbrunnen – Himmel
e. sehen – hören – tanzen – sprudeln – lesen

***22** Kreise die Verben im Präteritum ein und schreibe ihren Infinitiv auf. Entoure les verbes au prétérit puis recopie-les à l'infinitif.*

Es gab auch aufgeteilte Bilder, ganz so wie die Kapitel in einem Buch. Bilder waren Bücher, wer wollte, konnte in ihnen lesen. Und sogar Geräusche hören.
Auf einem Gemälde wurde die Göttin der Schönheit geboren, und es rauschte, weil sie auf einer Muschel stand und geradewegs aus dem Meer kam.

....

....

....

SPRACHE… MIT SYSTEM

Zu Hause

GRAMMATIK

***1** Ergänze mit den richtigen Präpositionen. Complète, le cas échéant, avec les prépositions qui conviennent.*

a. Der Blaue Reiter wurde .... fast hundert Jahren gegründet.

b. August Macke wurde .... 1887 in Meschede geboren.

c. Franz Marc starb .... März 1914 in Frankreich.

d. .... 2008 bekam die Stadt Weilheim den Stadt-Marketing-Preis.

e. Der kleine Herr Paul machte .... Sommer Ferien.

***2** Ergänze mit den richtigen Verben im Präteritum. Complète avec les verbes ci-dessous au prétérit.*

sterben – werden – kommen – lesen – sitzen

a. Die Frau .... in einem Sessel und .... die Zeitung.

b. Anfang des 20. Jahrhunderts .... viele Künstler nach München.

c. München .... eine Hauptstadt der Künste.

d. Wassily Kandinsky .... 1944 in Neuilly-sur-Seine.

3 *Was geschah, als …? Welche Sätze in A und B gehören zusammen? Verbinde sie und beginne jeden Satz mit der Konjunktion* als. *Qu'arriva-t-il lorsque… ? Associe une phrase de la colonne A à une phrase de la colonne B et commence chaque phrase par la conjonction* als.

Beispiel: Er war 16. – Er ging mit seiner Familie nach München.
→ Als er 16 war, ging er mit seiner Familie nach München.

A
Kandinsky war jung.
Er kam nach München.
Henning Sieverts sah Bilder des Blauen Reiters.
Gabriele Münter lebte zwei Jahre lang in Amerika.
Macke war 17 Jahre alt.

B
Sie gab ihr Studium auf.
Er spielte Cello und Klavier.
Er lernte Franz Marc kennen.
Er begann ein Kunststudium in Düsseldorf.
Er komponierte Musikstücke.

AUSSPRACHE

37 **4** *Hör zu und wiederhole die Wörter. Fangen sie mit „h" an oder nicht? Écoute et répète les mots. Commencent-ils par « h » ou pas ?*

	1	2	3	4	5	6	7	8	9
mit [h]	❑	❑	❑	❑	❑	❑	❑	❑	❑
ohne [h]	❑	❑	❑	❑	❑	❑	❑	❑	❑

5 *Hör dir den Textauszug an und lies dann vor. Écoute l'extrait puis lis-le à voix haute.*

38 Der Regen fiel wie dichtes Haar vom Himmel. Die Wirtin brachte heißen Tee und sagte: „Regentage sind Museumstage. Wenn Sie heute was sehen wollen, gehen Sie ins Museum!" Der kleine Herr Paul kannte den Spruch eigentlich anders: „Regentage sind Lesetage!"

Aus : M. Baltscheid, Ulf K., *Der kleine Herr Paul macht Ferien*

In der Schule

Es sprechen:
1. Lisa
2. Vanessa
3. Lisa
4. Vanessa
5. Anna
6. Melanie
7. Anna

39 **1 → *Buch, S. 55,* 1b. Mein Universum** *Hör dir jetzt die Interviews mit Anna, Lisa, Melanie und Vanessa an. Mach dir Notizen zu folgenden Punkten:*

	 Vanessa	 Lisa	 Melanie	 Anna
Farbe				
Möbel				
Atmosphäre				

2 → *Buch, S. 55,* 1c. Mein Universum *Wem gehören die Zimmer, die du siehst? Begründe deine Antwort!*

Ich denke, dass das Zimmer …
Ich glaube, dass …
Meiner Meinung nach gehört das Zimmer …
Weil das Zimmer …
Das Zimmer … ist nämlich …
Denn das Zimmer …

Zu Hause

3 *Was sieht man auf dem Bild? Schreib die Namen der Möbelstücke auf. Quels meubles vois-tu sur l'illustration ? Écris les légendes.*

....

....

....

....

....

4 *Alle diese Adjektive können ein Zimmer beschreiben. Schreib sie in die richtige Spalte. Tous ces adjectifs se rapportent à l'univers de la chambre. Écris-les dans la bonne colonne.*

ruhig – hell – schön – aufgeräumt – grün gestrichen – chaotisch – dunkel – lila – unordentlich – gemütlich

Farbe	Ordnung/Unordnung	Atmosphäre
....	....	....
....	....	....
....	....	....

5 *Wo findet man diese Gegenstände? Wie sieht dein Zimmer aus? Où trouve-t-on ces objets ? Comment est ta chambre ?*

Fotos – Bilder – ein Laptop – Klamotten – Schuhe – Bücher – Poster – eine Pflanze – eine Vase – Kissen – Schmuck – eine Lampe

An der Wand

....

....

Auf dem Bett

....

....

Auf dem Fußboden

....

....

Auf dem Schreibtisch

....

....

***6** Ergänze mit der passenden Endung. Complète avec la terminaison qui convient.*

a. Ich habe ein.......... groß.......... Zimmer. – **b.** In meinem Zimmer gibt es ein.......... rot.......... Couch, ein.......... riesig.......... Schreibtisch und ein.......... groß.......... Schrank. – **c.** Auf meinem Schreibtisch gibt es auch ein.......... neu.......... Computer. – **d.** Meine Schwester hat immer ein.......... chaotisch.......... Zimmer. Sie räumt es nie auf!

40

***7** Hör dir die Aufnahme an und zeichne Christinas Zimmer. Écoute l'enregistrement et dessine la chambre de Christina.*

***8 Schreibtraining** Beschreibe dein Zimmer, wie die Münchner es gemacht haben. Décris ta chambre comme l'ont fait les jeunes Munichois.*

Größe – Farbe(n) – Möbel – Atmosphäre – Was du in deinem Zimmer magst und nicht magst.

In der Schule

***9** → **Buch, S. 56, 2a.** **Mein Zimmer: Chaos oder nicht?** Lies die Texte von drei Jugendlichen zum Thema: „Euer Zimmer, eure Welt?". Was schreiben Luise, Benjamin und Sebastian zum Thema: Ordnung/Unordnung, Eltern/Geschwister?*

	Luise	Benjamin	Sebastian
Ordnung/ Unordnung	....	....	....

	Luise	Benjamin	Sebastian
Eltern/ Geschwister			

41

10 → Buch, S. 56, 3 Mein ideales Haus *Hör dir jetzt das Interview mit Lisa, Vanessa, Melanie, Jonas und Anna an. Was sagen sie über ihr ideales Haus? Mach dir Notizen zu folgenden Punkten:*

Es sprechen:
1. Vanessa
2. Lisa
3. Vanessa
4. Lisa
5. Jonas
6. Melanie
7. Anna

	 Lisa	 Vanessa	 Jonas	 Melanie	 Anna
Ort					
Größe					
Farbe					
Luxus					

11 → Buch, S. 57, 4a. Zu originell zum Wohnen? *Jeder Schüler liest die vier Texte. Welcher Text passt zu welchem Foto?*

Foto	Das Baumhaus	Die Jurte	Das Öko-Haus	Das Hausboot
Text A	❑	❑	❑	❑
Text B	❑	❑	❑	❑
Text C	❑	❑	❑	❑
Text D	❑	❑	❑	❑

12 → Buch, S. 57, 4b. Zu originell zum Wohnen? *Erfinde eine Familie, die in einem der Häuser wohnen möchte und schreib einen Text über sie.*

Wie viel Personen gibt es in dieser Familie?
Wie heißen sie?
Wie alt sind sie?
Haben sie Kinder?
Wenn ja, wie heißen sie?
Haben sie Haustiere?
Was mögen sie?
Was sind ihre Lieblingsfarben?
Was sind sie von Beruf?
Welche Hobbys und Interessen haben sie?
Was gefällt ihnen besonders an ihrem Haus/ihrer Wohnung?
Welche Art Möbel mögen sie?

Familie 1

Familie 2

Familie 3

Deine Notizen

Schreib jetzt deinen Text mit Hilfe deiner Notizen. →

sich interessieren für, träumen von, anders leben

ZU HAUSE

13 *Lies folgende Aussagen von Jugendlichen und kreuze ihr Ordnungsprofil an. Lis les commentaires des jeunes et coche le profil qui leur correspond.*

	Der Ordnungsfan	Der „Vernünftige"*	Der Chaot
Wenn mein Zimmer aufgeräumt ist, bleibt das nicht lange so.	❑	❑	❑
Alles hat seinen Platz!	❑	❑	❑
Ich räume immer alles auf.	❑	❑	❑
In meiner Ecke liegen CDs und Socken auf dem Boden.	❑	❑	❑
Mein Zimmer ist oft unordentlich.	❑	❑	❑
Ich räume auf, wenn meine Eltern es mir sagen.	❑	❑	❑
Ich lasse immer alles liegen.	❑	❑	❑

* vernünftig sein: *être raisonnable*

Schreiben

14 Schreibtraining *Beschreibe diese Zimmer. Stell dir dann die Jugendlichen vor, die dort leben könnten. Décris ces chambres et imagine les adolescents qui pourraient y vivre.*

B

A

C

15 *Ergänze die Sätze mit dem Verb im Konjunktiv II. Complète les phrases en conjuguant les verbes entre parenthèses au subjonctif II.*

a. Vanessa .... gerne einen riesigen Garten. *(haben)* – **b.** Lisa .... am liebsten in Amerika .... *(wohnen)* – **c.** Melanie .... sich gerne eine Villa .... *(kaufen)* – **d.** Wenn Anna eine Familie .... *(haben)*, ... sie in einer großen Wohnung .... *(leben)*.

42

16 *Hör dir die Aufnahme an und kreuze das richtige Haus an. Écoute l'enregistrement et coche la photo qui correspond à ce que tu as entendu.*

a❑ b❑ c❑ d❑

a❑ b❑ c❑ d❑

a❑ b❑ c❑ d❑

a❑ b❑ c❑ d❑

17 *Ergänze mit der passenden Endung. Ajoute la terminaison qui convient.*

a. Jonas möchte ein.......... groß.......... Haus in der Stadt haben. – **b.** Vanessa möchte gern ein.......... schön.......... Villa kaufen. – **c.** Diese Villa soll ein.......... groß.......... Garten haben. – **d.** Anna möchte ein.......... gemütlich.......... Wohnung haben. – **e.** Sie möchte kein.......... groß.......... Haus haben, denn sie hat keine Lust, stundenlang zu putzen.

Schreiben

18 Schreibtraining *In welchem Haus würdest du am liebsten leben: in einem Baumhaus, in einem Hausboot, in einer Jurte oder in einem Öko-Haus? Warum? Dans laquelle de ces quatre habitations : maison dans les arbres, péniche, yourte ou maison écologique, préférerais-tu vivre ? Pourquoi ?*

In der Schule

19** → **Buch, S. 58, **5b. Ludwig II. oder: Ein Leben wie im Märchen?** *Gruppe A informiert sich über das Thema „Kulissen", Gruppe B über „Kurioses".*

Gruppe A: Kulissen

	Neuschwanstein	Linderhof	Herrenchiemsee
Bauzeit	....	....	....
Lage	....	....	....
Stil	....	....	....
Preis	....	....	....

	Neuschwanstein	Linderhof	Herrenchiemsee
Besucherzahl	....	....	....
Sonstiges	....	....	....

Gruppe B: Kurioses

	Die Venusgrotte	Ein fahrender Tisch / Ein „Tischlein-deck-dich"
Wo?	....	....
Wann?	....	
Aussehen	....	....
Technik	....	....
Wozu?	....	....

Zu Hause

20 *Hör zu und lies diese Wörter vor. Écoute puis entraîne-toi à lire ces mots à voix haute.*

44 Ludwig II. – im Jahre 1845 – seit dem 4. Mai 1864 – 1886 – aus dem 18. Jahrhundert

21 *Setze die Verben ins Präteritum. Complète avec la forme verbale entre parenthèses au prétérit.*

Ludwig II. .... im Jahre 1845 geboren. *(werden)* Er .... der König von Bayern von 1864 bis 1886. *(sein)* Er .... fast keine Freunde *(haben)* und .... sich oft. *(isolieren)* Nur Sissi .... er. *(vertrauen)*
Er .... vor seinen Ministern und der politischen Realität. *(fliehen)*

22 *Was weißt du über Ludwig II.? Lies die Fragen und kreuze die richtige Antwort an. Que sais-tu de la vie de Louis II. ? Lis les questions et coche la bonne réponse.*

1. Wann wurde Ludwig II. geboren? ❑ 1844 ❑ 1845 ❑ 1846

2. Wie hieß sein Lieblingskomponist? ❑ von Webern ❑ Wolf ❑ Wagner

3. Wer war Sissi? ❑ Ludwigs Schwester ❑ Ludwigs Tante ❑ Ludwigs Kusine

4. Welches Schloss liegt auf einem Berg?
❑ Neuschwanstein ❑ Linderhof ❑ Herrenchiemsee

5. Wo hörte Ludwig II. gern Musik und träumte?
❑ im Garten ❑ im Zimmer ❑ in einer Grotte

6. Wie könnte man Ludwig II. charakterisieren?
❑ kontaktfreudig ❑ vernünftig ❑ einsam

Schreiben

23 Schreibtraining *Schreib einen Text über Ludwig II. und seine Welt (Leben, Charakter, Freunde, Schlösser, Geld, Träume, Ende seines Lebens…). Écris un texte sur Louis II et son univers (sa vie, sa personnalité, ses amis, ses châteaux, sa relation à l'argent, ses rêves, la fin de son règne…).* →

In der Schule

24 → *Buch, S. 60, 7a.* Ein Haus, ganz „Anders" *Lies den Text und sammle Informationen zu den vier Themen: „Aphroditas Familie", „Aphroditas Geburtstagsfest", „Das Haus der Anders" und „Aphroditas Zimmer".*

Aphroditas Familie	Aphroditas Geburtstagsfest	Das Haus der Anders	Aphroditas Zimmer
…………	…………	…………	…………
…………	…………	…………	…………
…………	…………	…………	…………
…………	…………	…………	…………
…………	…………	…………	…………

25 → *Buch, S. 60, 7b.* Ein Haus, ganz „Anders" *Lies noch einmal den Text von Z. 27 bis Z. 35 und sieh dir die Bilder an. Welche gehören zusammen?*

A	B	C
…………	…………	…………

Zu Hause

26 *Sieh dir die Bilder an und schreib für jedes Bild einen Satz. Dann ordne sie chronologisch.*
Écris une phrase pour chaque dessin et remets-les dans l'ordre chronologique.

....

....

....

....

27 *Beantworte die Fragen mit einem Pronominaladverb. Réponds aux questions avec un adverbe démonstratif.*

a. Bist du stolz auf deine Familie? ....

b. Machst du dich über den Look der Anderen lustig? ....

c. Hast du Angst vor Spinnen? ....

d. Interessierst du dich für die Schlösser von Ludwig II.? ....

Schreiben

28 Schreibtraining *Fass jetzt Aphroditas Geschichte mit Hilfe dieser Informationen zusammen.*
À l'aide de ces informations, résume l'histoire d'Aphrodita Anders.

vielleicht / meiner Meinung nach / etwas hässlich / nicht normal finden /
etwas nicht verstehen / etwas nicht akzeptieren / sich über jemanden lustig machen /
sich unwohl / anders fühlen

***29** Schreib die Sätze a. bis e. neu. Beginne deine Sätze mit den fett gedruckten Wörtern.*
Réécris les phrases en mettant l'élément en gras à la première place.

a. ich – **am liebsten** – in einer Jurte – wohnen – würde

....

b. es – nie – **in meinem Zimmer** – aufgeräumt – ist

....

c. **Ludwig II.** – in Bayern – geboren – im Jahre 1845 – wurde

....

d. wurde – **von 1874 bis 1878** – das Schloss Linderhof – gebaut

....

e. Aphrodita – auf ihr Haus – stolz – **vor ihrem 10. Geburtstag** – war

....

***30** Welches Wort passt nicht zu den anderen? Chasse l'intrus.*

a. weinrot – hell – bunt – dunkel – wohl
b. schön – aufgeräumt – chaotisch – gemütlich – modern
c. die Wohnung – der Chaot – die Jurte – das Schloss – das Baumhaus
d. die Märchenwelt – die Ordnung – das Schloss – der König – die Grotte
e. das Zimmer – das Badezimmer – das Wohnzimmer – die Küche – der Garten

SPRACHE… MIT SYSTEM

Zu Hause

GRAMMATIK

***1** Ergänze mit der passenden Endung. Complète avec la terminaison qui convient.*

a. Ludwig II. hatte nur ein.......... eng.......... Freundin: Sissi! – **b.** Der König von Bayern bewunderte ein.......... bekannt.......... Komponisten; das war Richard Wagner. – **c.** Um allein zu bleiben, hatte er ein.......... fahrend.......... Tisch. – **d.** Im Park von Linderhof gab es auch ein.......... zauberhaft.......... Grotte, in der er Musik hörte. – **e.** Ludwig II. hat sich ein.......... eigen.......... Welt geschaffen!

2 *Was würdest du gerne machen? Bilde Sätze mit folgenden Ausdrücken. Qu'aimerais-tu faire ? Forme des phrases avec les expressions suivantes.*

> einen Computer haben – ein großes Haus kaufen – das Schloss Neuschwanstein besichtigen – mein eigenes Zimmer haben – mein Zimmer neu dekorieren

3 *Ergänze mit dem passenden Pronominaladverb. Complète avec l'adverbe démonstratif qui convient.*

a. Ich freue mich so über meine gute Note in Mathe. Ich freue mich so ....

b. Hast du von dieser traurigen Nachricht gehört? Hast du .... gehört?

c. Er ist an seinen schlechten Noten selbst schuld. Er ist .... selbst schuld.

d. Sie hat über meinen Witz gelacht! Sie hat .... gelacht.

e. Ich habe Angst vor seiner Reaktion. Ich habe .... Angst.

AUSSPRACHE

45 **4a.** *Hör dir diese Wörter an. Kreuze an, ob du den Laut* [u] *oder* [ü] *hörst. Écoute les mots suivants extraits du texte, p. 61 du manuel. Coche si tu entends le son* [u] *ou* [ü].

	1	2	3	4	5	6	7
[u]	❑	❑	❑	❑	❑	❑	❑
[ü]	❑	❑	❑	❑	❑	❑	❑

46 **b.** *Hör dir die Aufnahme noch einmal an und schreib die Wörter. Réécoute l'enregistrement et écris les mots.*

5 *Hör dir den Textauszug an und lies dann vor. Écoute l'extrait puis lis-le à voix haute.*

47 Wir leben nämlich in einer alten, verwinkelten Villa, in der es früher mal fünf abgeschlossene Wohnungen gab. Als meine Eltern das Haus kauften, rissen sie zusammen mit meinem Großvater, seiner Frau und meiner Tante mehrere Wände ein, um Platz für unsere große Familie zu machen.

Aus: Kari Ehrhardt, *Alles Anders*

Einheit ② Etappe 6

In der Schule

48 **1 → *Buch, S. 65,* 1a. Nur ein Auto?** *Hör dir die Kurzinterviews an. Wer spricht von welcher Werbung? Mach dir Notizen zu den Argumenten.*

	Interview 1	Interview 2	Interview 3
Wie findet er/sie die Werbung?	…………… ……………	…………… ……………	…………… ……………
Argumente	…………… …………… …………… ……………	…………… …………… …………… ……………	…………… …………… …………… ……………
	Bild …………	Bild …………	Bild …………

Zu Hause

2 *Sind die Adjektive positiv oder negativ? Schreibe sie in die richtige Spalte. Ces adjectifs sont-ils positifs ou négatifs ? Écris-les dans la colonne qui convient.*

Ich finde diese Werbung… witzig – originell – langweilig – echt gut – gar nicht gut – lustig – intelligent – schwach – manipulierend – informativ

+	–
……………	……………
……………	……………
……………	……………

3 *Konjugiere das Verb* werben *im Präsens. Conjugue le verbe* werben *au présent.*

a. Diese Plakate ………………… für einen neuen Film. – **b.** Der Spot ………………… für eine neue Zahnpasta. – **c.** ………………… du für deinen Fußball-Klub ? – **d.** Ich ………………… für eine bessere Zukunft. – **e.** Wir ………………… für gesundes Essen.

In der Schule

49 **4 → Buch, S. 66, 2a. Werbung fürs Auge, Werbung fürs Ohr** *Hör dir das Interview an. Welche Werbesprüche kennen die Münchner Jugendlichen? Wofür wird geworben?*

Vanessa, Jonas und Anna kennen Werbesprüche für…

❏ Autos ❏ Schokolade ❏ Klamotten ❏ Milchprodukte ❏ Kaubonbons

50 **5 → Buch, S. 67, 4a. Werbung im Visier** *Hör dir die Interviews der Münchner Jugendlichen an. Was kritisieren sie an der Werbung? Wie informiert die Werbung? Notiere ihre Beobachtungen.*

Werbung…

– informiert: ....

– liefert unzureichende[1] Informationen: ....

– manipuliert: ....

– beeinflusst[2]: ....

– übertreibt[3]: ....

1. unzureichend: *insuffisant* – 2. beeinflussen: *influencer* – 3. übertreiben: *exagérer*

6 → Buch, S. 67, 4b. Werbung im Visier *Ein Jugendmagazin schreibt über das Thema Werbung und Konsum. Jede Gruppe liest einen der Artikel und macht sich Notizen zu folgenden Punkten:*

	Text A	Text B	Text C
Produkt			
Probleme			
Wie die Werbung arbeitet			

Zu Hause

7 *Welches Verb passt zu welchem Nomen? Associe les verbes et les noms. (Attention, plusieurs solutions sont possibles !)*

Werbung •	• verbringen
Geld •	• machen
Zeit •	• ausgeben
Schulden •	• kommen
Wünsche •	• brauchen
auf den Markt •	• erfüllen

8 *Ergänze die Sätze mit den Ausdrücken der Übung 7. Complète les phrases avec les expressions de l'exercice ci-dessus.*

a. Für das neue Handy hat er viel ....

b. Dieses Jahr .... ganz neue, super leichte Computer ....

c. Um sich seine .... zu können, muss man viel Geld haben.

9 *Was passt nicht? Streiche durch! Chasse l'intrus.*

a. Taschengeld – Schulden – kosten – billig – teuer – Spiel
b. Videospiele – Fastfood – Internet – Computer – E-Mail – Konsole
c. Plakate – Werbung – Slogan – Mobiltelefon – Werbespot
d. neu – schön – alt – modisch – modern – in
e. Zeit – Tag – Stunde – Monat – Jahr – Umfrage
f. SMS – E-Mail – Konsument – Plakate – Zeitschriften

10 *Ergänze die Werbesprüche. Complète les slogans.*

a. MP3-Player von Kony sind gut, aber unsere MP3-Player sind ....

b. Mit Sportschuhen von Kuma läuft man schnell, aber mit unseren Sportschuhen läuft man ....

c. Diese Klamotten trägt man gern, aber unsere Mode trägt man ....

In der Schule

11 *→* ***Buch, S. 68, 5a.*** **Stiftung Warentest** *Sieh dir die Rucksäcke an. Was fällt dir auf? Ordne die Rucksäcke nach ihren Noten: Welcher ist der beste?*

Beste Note	↔		Schlechteste Note
....	....	....	....

51

12 *→* ***Buch, S. 68, 5b.*** **Stiftung Warentest** *Hör dir das Interview mit der Journalistin Annika Kunstmann über die Stiftung Warentest an. Mach dir Notizen zu folgenden Punkten:*

Ziel der Stiftung: ....

Geschichte (Seit wann? Wie viele Tests?): ....

Spezielle Projekte für Jugendliche: ....

13 *→* ***Buch, S. 68, 6a.*** **Jugend testet** *Bildet Gruppen. Jede Gruppe liest einen Testbericht und macht sich Notizen zu folgenden Punkten:*

Produkt 1:	Produkt 2: ....
Methode:	Methode: ....
....	....
Kriterien:	Kriterien: ....
....	....
....	....

52

14 *→* ***Buch, S. 68, 6c.*** **Jugend testet** *Hör dir das Interview mit den Jugendlichen an, die diese Testergebnisse geschrieben haben. Wer spricht? Was sagen sie über die Ergebnisse?*

	Interview 1	Interview 2
Wer spricht?	....	....
Wichtige Ergebnisse?	....	....

Zu Hause

***15** Such das Gegenteil! Cherche les antonymes !*

billig •	• gleich
viel •	• schlecht
schnell •	• kurz
lang •	• groß
gut •	• teuer
verschieden •	• wenig
klein •	• unklar
klar •	• langsam

***16** Bilde Sätze im Perfekt! Forme des phrases au parfait.*

a. Die Stifte – die Tinte gut löschen

....

b. Der rote Schulrucksack – die beste Note haben

....

c. Der Warentest – Spaß machen

....

d. Wir – schon zum zweiten Mal mitmachen

....

e. Der Junge – klassische Schreibblöcke testen

....

***17** Ergänze die Fragen! Complète les questions avec les adverbes interrogatifs qui conviennent.*

a. „.. ist das Buch?" „Es kostet 15 Euro."

b. „.. kann man mit diesen Fußballschuhen trainieren?" „Zwei, drei Jahre."

c. „.. ist dieses Modell?" „1,5 Kilogramm!"

d. „.. Jugendliche verbringen 4 Stunden pro Tag mit Computerspielen?" „Ungefähr 16 %."

In der Schule

18** → **Buch, S. 70, **8a. Max wundert sich** *Lies den ersten Teil des Textes (Z. 1-23) und mach dir Notizen zu folgenden Punkten:*

– Ort der Handlung (Wo?): ....

– Personen (Wer?): ....

– Ihr Verhalten (Wie sind die Anderen?):
❑ wie immer ❑ anders ❑ nett ❑ genervt ❑ aggressiv ❑ höflich

– Reaktionen des Erzählers (Wie reagiert Max?):
❑ Er findet das ganz toll.
❑ Er wundert sich.
❑ Er findet seine Familie total verrückt.
❑ Er kann es nicht glauben.
❑ Er versteht die Welt nicht mehr.
❑ Er reagiert nicht.

Sammle Zitate zum letzten Punkt.

Zitat Zeile ...	Zitat Zeile ...	Zitat Zeile ...
....	....	....

19** → **Buch, S. 70, **8b. Max wundert sich** *Lies den Text bis zum Ende und mach dir Notizen zu folgenden Punkten:*

Wo spielt die Handlung jetzt? ....

Wie läuft die Kommunikation zwischen Max und den anderen ab? ....

....

....

....

....

20** → **Buch, S. 70, **8c. Max wundert sich** *Wie reagiert der Erzähler am Ende des Textes? Kreuze an!*

❑ Max ist begeistert, er findet das toll.
❑ Max findet seine Familie richtig nett.
❑ Max findet seine Familie völlig verrückt.
❑ Max bittet um Hilfe.
❑ Max möchte auch gern so sein wie die Anderen.

Zu Hause

21 *Dein Tagesablauf! Ergänze mit Präpositionen im Akkusativ. Complète l'emploi du temps avec des groupes prépositionnels à l'accusatif.*

a. 7.45: .... Schule

b. 10.10: .... Computerraum

c. 12.00: .... Kantine

d. 17.00: .... Hause

e. 18.00: .... Tennisplatz

f. 21.30: .... Bett

SPRACHE… MIT SYSTEM

Zu Hause

GRAMMATIK

1 *Starke oder schwache Verben? Mit* haben *oder* sein*? Prüfe im Wörterbuch und kreuze an. Vérifie dans le lexique si les verbes ci-dessous sont forts ou faibles et avec quel auxiliaire ils s'utilisent. Coche les bonnes réponses.*

	starkes Verb	schwaches Verb	haben	sein
gehen	❑	❑	❑	❑
laufen	❑	❑	❑	❑
testen	❑	❑	❑	❑
schlafen	❑	❑	❑	❑
werden	❑	❑	❑	❑
zeigen	❑	❑	❑	❑

2 *Bilde jetzt das Perfekt. Forme des phrases au parfait.*

a. Ihr .... schnell .... *(laufen)* – **b.** Der Test .... interessante Ergebnisse .... *(zeigen)* – **c.** „ .... du gut .... ?" *(schlafen)* – **d.** Er .... in den Supermarkt .... und .... 12 Schreibblöcke .... *(gehen/kaufen)* – **e.** Wir .... die Rucksäcke .... *(testen)* – **f.** „ .... du verrückt .... ?" *(werden)*

3 *Ergänze mit den passenden Präpositionen und Artikeln. Complète avec les prépositions et les articles qui conviennent.*

a. Komm .... Werbewelt! – **b.** Immer neue Spiele kommen .... Markt. – **c.** Ich gehe um 7.30 .... Schule. – **d.** Nach der Schule geht sie .... Schwimmbad. – **e.** Und nach dem Schwimmbad .... Kino!

4 *Ergänze die Fragen! Complète les questions.*

a. .... ist dein Rucksack? Ungefähr 8 kg.

b. .... dauert der Unterricht? 45 Minuten.

c. .... haben sie trainiert? Fünf Mal.

d. .... Kinder haben an diesem Wettbewerb mitgemacht? 160.

e. .... ist dieser Tintenkiller? 0,99 Euro.

AUSSPRACHE

53 **5** *Hör zu und kreuze an, ob du* [o] *oder* [au] *hörst. Écoute les mots extraits du texte, p. 71 du manuel et coche si tu entends* [o] *ou* [au].

	1	2	3	4	5	6	7	8	9	10
[o]	❏	❏	❏	❏	❏	❏	❏	❏	❏	❏
[au]	❏	❏	❏	❏	❏	❏	❏	❏	❏	❏

6 *Hör dir den Textauszug an und lies dann vor. Écoute l'extrait puis lis-le à voix haute.*

54 Draußen aber ging der Alptraum weiter. Wildfremde Leute lächelten mich an! Eine Frau: „Du hast aber einen schönen Anorak! Ist der von Pike?" Herr Knusewetter, unser Schul-Hausmeister (sonst ein Ekel!): „Guten Morgen, Junge. Kauf dir mal Vitamin C-Tabletten. Du siehst blass aus!"

Nils Wolff, *(Alp-)Traum Konsum*

Einheit ③ Etappe 7

In der Schule

1 → *Buch, S. 81,* 1a. Wichtige Erfindungen *Sieh dir die fünf Gegenstände an und lies die Informationen der Rubriken A und B. Was passt zusammen?*

	Die Erfindung in Stichworten
das erste Auto	
das Röntgenbild	
die Aspirintablette	
der Scanner	
die Chipkarte	

55 **2 → *Buch, S. 81,* 1b. Wichtige Erfindungen** *Hör dir jetzt das Interview mit den Münchnern an. Notiere von welchen Erfindungen sie sprechen, warum sie sie wichtig finden.*

Es sprechen:
1. Luana
2. Vanessa
3. Kilian
4. Luana
5. Vanessa
6. Kilian

	 Vanessa	 Kilian	 Luana
Erfindung(en)			
Ist/Sind wichtig, weil …			

Zu Hause

3 *Wer hat was erfunden? Schreib den Namen des Erfinders auf. Qui a inventé quoi ? Écris le nom de l'inventeur.*

eine Aspirintablette	eine Chipkarte	ein Röntgenbild	ein Scanner	das erste Auto

4 *Welcher Begriff passt nicht zu den anderen? Streiche durch! Barre l'intrus.*

a. Aspirin — Medikamente — Röntgen — Arzt — Computer
b. Fernseher — Computer — Aspirin — MP3-Player — Scanner
c. Internet — Auto — Fahrrad — Motorrad — Zug
d. Handy — Röntgen — Internet — Computer — Telefon
e. Information — Kopfschmerzen — Fieber — Knochenbruch — Krankheit

56

5 *Hör dir die Aufnahme an und antworte. Écoute l'enregistrement et réponds aux questions.*

a. ....

b. ....

c. ....

d. ....

e. ....

6 Schreibtraining *Welche Erfindung ist wichtig für dich? Warum? Quelle invention est importante pour toi ? Pourquoi ?*

In der Schule

57

7 → Buch, S. 82, 2a. Erfindungen – wer und warum? *Hör dir die Interviews mit den Freunden aus München an. Was sagen sie zu folgenden Punkten:*

Wie kommt es zu Erfindungen?	Wer macht Erfindungen?
–	– ....
....	....
....	....
....	
– zufällig*	

* zufällig: *par hasard*

8 → *Buch, S. 82,* 3a. Nützlich… oder nicht? *Lies die vier Texte und suche nach Informationen zu folgenden Stichpunkten:*

	Text A
die Erfindung	
der/die Erfinder (Vorname, Alter)	
das Problem	
die technische Lösung	

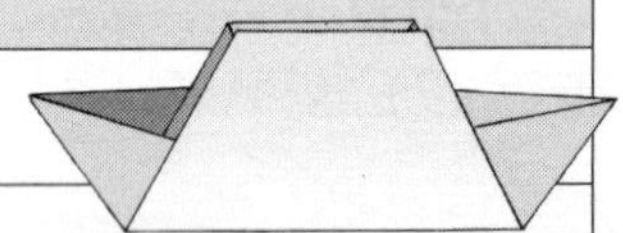

	Text B
die Erfindung	
der/die Erfinder (Vorname, Alter)	
das Problem	
die technische Lösung	

	Text C
die Erfindung	
der/die Erfinder (Vorname, Alter)	
das Problem	
die technische Lösung	

	Text D
die Erfindung	....
der/die Erfinder (Vorname, Alter)	....
das Problem	....
die technische Lösung	....

9 → ***Buch, S. 82,* 3b. Nützlich... oder nicht?** *Welche Erfindung ist für dich am nützlichsten? Mach jetzt eine Rangliste von eins bis vier. Begründe deine Wahl.*

Für mich ist die … Erfindung am nützlichsten. … Denn … / Weil …

1.	....
2.	....
3.	....
4.	....

Zu Hause

10 *Verbinde jeden Nebensatz mit dem passenden Hauptsatz. Relie chaque subordonnée à la principale qui convient.*

a. Der Schüler Stephan A. wusste nie, •	• wie man Döner „sauber“ essen kann.
b. Mit seiner Erfindung kann der Autofahrer wissen, •	• ob jemand damit bügelt oder nicht.
c. Berliner Schüler haben sich gefragt, •	• wie man das Bügeleisen sicherer machen könnte.
d. Der 13-jährige Andreas F. fragte sich, •	• ob die Autofahrer auf ihn aufpassten.
e. Der kleine Sensor für das Bügeleisen weiß, •	• ob der Fahrradfahrer nach rechts oder nach links fährt.

***11** Ergänze die Sätze mit einem der folgenden Verben im Perfekt. Complète les phrases en mettant les verbes entre parenthèses au parfait.*

a. Felix Hoffmann .... das Aspirin im Jahre 1897 .... *(erfinden)* – **b.** Die Aspirintablette .... die Firma Bayer dann .... *(entwickeln)* – **c.** Eines Tages .... Andreas' Mutter .... , den Stecker aus der Steckdose zu ziehen. *(vergessen)* – **d.** Andreas hat es gemacht und so .... er einen Hausbrand .... *(verhindern)*

58

***12** Hör dir die Aufnahme an und finde die passende Erfindung. Écoute l'enregistrement et choisis l'invention qui convient.*

der Blinker für Radfahrer … – die Döner-Esshilfe … – die clevere Schultasche … – das Aspirin … – das Internet …

In der Schule

***13** → **Buch, S. 84, 4a. Tolle Autos, helle Köpfe…** Die Klasse arbeitet in drei Gruppen. Jeder Schüler liest die Materialien A, B und C und sucht nach Antworten zu folgenden Punkten:*

Gruppe 1	der/die Erfinder und Autobauer
Text A	....
Text B	....
Text C	....

Gruppe 2	die Markennamen
Text A	....
Text B	....
Text C	....

Gruppe 3	die Geschichte
Text A: die Erfindung	....
Text B: die Fusion	....
Text C: ein Mann, eine Marke	....

14 → **Buch, S. 85** > Und jetzt... *Sammle Informationen über eine andere europäische Automarke (Renault, BMW, Audi, Fiat, Volvo...). Schreib einen Text über sie, in dem du folgende Punkte behandelst: Gründer, Geschichte, besondere Eigenschaften der Autos dieser Marke (Aussehen, Qualität...).*

Meine Automarke: ....

Der Gründer: Name, Wohnort, Geburts- und Sterbedatum, Erziehung/ Bildung, Interessen, Beruf...

Geschichte: – Gründung: wo? Wann? Mit wem? Wie? Warum?
– Die Marke heute

Eigenschaften: Aussehen, Qualität...

Zu Hause

15 *Verbinde mit dem passenden Verb. Relie les noms avec les verbes qui conviennent. Attention : un des verbes est à utiliser deux fois.*

zur Welt •	• bekommen
auf der Straße •	• gründen
ein Autorennen •	• kommen
ein Patent •	• werden
eine Fabrik •	• gewinnen
an einem Konzept •	• arbeiten
zum Welterfolg •	• fahren
bei Mercedes-Benz •	

16 *Wann ist es geschehen? Schreib die Sätze a. bis e. neu. Konjugiere die Verben im Perfekt. Quand cela s'est-il passé ? Forme des phrases cohérentes au parfait à l'aide des éléments suivants. Attention à la place du verbe !*

a. Carl Benz – erfinden – den ersten Motorwagen – im Jahre 1885

....

b. Am 28. Januar 1886 – Carl Benz – sein Patent – bekommen

....

c. Im Jahre 1894 – die Produktion vom Modell Velo – in Serie – beginnen

....

d. 1889 – der Wiener Geschäftsmann Emil Jellinek – mit einem Daimler – ein Autorennen – gewinnen

....

e. Porsches Konzept vom Kleinwagen – nach 1945 – der ganzen Welt – gefallen

....

17 *Ergänze mit der je passenden Endung oder der passenden Präposition. Complète avec la terminaison et/ou la préposition qui conviennent.*

a. In d.......... Stadt Stuttgart hat alles für Mercedes-Benz begonnen. – **b.** Im Jahre 1885 fuhr der erste Motorwagen mit drei Rädern .... d.......... Straße. – **c.** Ferdinand Porsche wurde im Jahre 1875 .... Österreich-Ungarn geboren. – **d.** Er wollte an d.......... Universität .... Wien studieren, aber er hatte nicht genug Geld dafür. – **e.** Er durfte .... ein.......... technischen Schule beim Unterricht zuhören, aber viel lernte er allein.

In der Schule

***18 → Buch, S. 86,* 6. Keine SMS für Aphrodita** *Lies zuerst den ganzen Text. Dann lies aufmerksam folgende Abschnitte und sammle Informationen zu folgenden Punkten:*

Abschnitte	Themen	Informationen
Zeile 1 bis 9	Aphrodita und Handys	....
Zeile 10 bis 18	Aphroditas Mutter und Handys	....
Zeile 19 bis 29	Aphroditas Meinung über die Haltung ihrer Eltern	....
Zeile 30 bis zum Ende des Textes	Aphroditas Hoffnung	....

19 → Buch, S. 86, 7. Nicht nur für den Notfall *Aphrodita ist wie oft anderer Meinung als ihre Eltern: „Ich brauche unbedingt ein Handy!" „Niemand braucht ein Handy!", antworten ihre Eltern. Je zwei Schüler überlegen sich, wie eine Diskussion zu diesem Thema in dieser Familie verlaufen kann: was Aphrodita in diesem Streit sagen könnte, was die Eltern sagen könnten.*

Aphrodita

mögen/wollen/gern … haben, nicht verstehen können, nicht anders als die anderen sein wollen, etwas nicht mehr ertragen können, ausgelacht werden, wie die Freundinnen sein wollen, im 21. Jahrhundert leben, SMS schreiben wollen, die Haltung ihrer Eltern altmodisch finden

Ihre Eltern

damit nicht einverstanden sein, nicht jeder Mode folgen, die Konsumgesellschaft ablehnen, kritisch bleiben, überlegen, Handys überflüssig / zu teuer finden, als Eltern eine Rolle haben, der Gesundheit schaden

20 → Buch, S. 86 > Und jetzt… *Das Handy ist eine noch ziemlich neue Erfindung, aber es hat viel verändert. Schreib einen kurzen Text über das Handy: die positiven Aspekte, die negativen Aspekte, deine persönliche Meinung.*

- Heutzutage…
- Zwar … aber: Zwar ist ein Handy praktisch, aber es ist auch teuer!
- Der Vorteil(e)/der Nachteil(e)
- Meiner Meinung nach/Ich denke, dass…

Zu Hause

21 *Wer macht was? Qui fait quoi ?*

	Aphrodita	Ihre Freundinnen	Ihre Geschwister	Ihre Eltern
SMS schreiben	❑	❑	❑	❑
das Handy aus der Tasche ziehen	❑	❑	❑	❑
kein Handy haben	❑	❑	❑	❑
jdn mit SMS bombardieren	❑	❑	❑	❑
gegen Technik protestieren	❑	❑	❑	❑
eine Telefonkarte haben	❑	❑	❑	❑
ein Telefon mit Wählscheibe zu Hause haben	❑	❑	❑	❑
im Internet sein	❑	❑	❑	❑
hoffen, ein Handy zu bekommen	❑	❑	❑	❑

22 Schreibtraining *Du hast einen Text über Aphrodita und ihre Familie gelesen. Notiere, was neu für dich ist. Tu as lu un texte sur Aphrodita et sa famille. Résume ce que tu as appris dans cet extrait.*

23 *Beantworte die Fragen mit dem passenden Ausdruck. Réponds aux questions avec l'expression qui convient.*

> in einem Modegeschäft – bei Aphrodita zu Hause – auf der Straße – in einer alten Villa – in einer Telefonzelle – in ein Modegeschäft – zu Aphrodita nach Hause – auf die Straße – in eine alte Villa – in eine Telefonzelle

a. Wo wohnen Aphrodita und ihre Familie? ……………………

b. Wo treffen sich Aphrodita und Kosmea? ……………………

c. Wo gibt es ein Telefon mit Wählschreibe? ……………………

d. Wohin geht Aphrodita zum Telefonieren? ……………………

SPRACHE… MIT SYSTEM

Zu Hause

GRAMMATIK

1 *Ergänze diese Sätze. Complète les phrases suivantes.*

a. Die Schüler fragen sich immer, ob ……………………
(man – Döner – sauber essen können)

b. Carl Benz fragte sich im Jahre 1885, ob ……………………
(sein Motor – funktionieren)

c. Ferdinand Porsche wusste nicht, ob ……………………
(er – studieren können)

d. Aphrodita weiß nicht, ob ……………………
(sie – Handy bekommen)

2 *Schreibe die Sätze a. bis d. neu. Konjugiere die Verben im Perfekt. Forme des phrases cohérentes en conjuguant les verbes au parfait.*

a. Felix Hoffmann – die Aspirintablette – im Jahre 1897 – erfinden.

……………………

b. Konrad Zuse – den Computer – im Jahre 1941 – entwickeln.

....

c. Hans Riegel – mit der Produktion von Lakritz – im Jahre 1925 – beginnen.

....

d. Wilhelm Conrad Röntgen – die „X"-Strahlen – im Jahre 1895 – entdecken.

....

3 *Ergänze mit der passenden Präposition oder/und der passenden Endung. Complète avec la bonne préposition et/ou la bonne terminaison.*

a. München liegt .... Bayern. – **b.** Das Kind spielt .... d.......... Straße. – **c.** Er studiert an d.......... Freien Universität in Berlin. – **d.** Berlin liegt .... Deutschland. – **e.** Er ist noch .... Kino. – **f.** Er wohnt .... d.......... Stadt Stuttgart.

AUSSPRACHE

4a. *Hör dir die Wörter an und kreuze an, ob du* [s] *oder* [z] *hörst. Écoute les mots extraits du*
59 *texte, p. 87 du manuel et coche si tu entends le son* [s] *ou* [z].

	1	2	3	4	5	6	7	8	9	10	11
[s]	❑	❑	❑	❑	❑	❑	❑	❑	❑	❑	❑
[z]	❑	❑	❑	❑	❑	❑	❑	❑	❑	❑	❑

b. *Hör dir den Textauszug an und lies dann vor. Écoute l'extrait puis lis-le à voix haute.*

60 „Solange es Stifte und Papier gibt, kommt uns so etwas nicht ins Haus!", hat meine Mutter mal in der Phase ihres Technik-Exorzismus gesagt.

Aus: Kari Ehrhardt, *Alles Anders*

In der Schule

61

1 → ***Buch, S. 91,*** **1b. Gute Reise!** *Hör dir die Interviews an. Wohin möchten die Münchner Jugendlichen?*

	Dschungel	Mond	einsame Insel	Wüste	Was gefällt ihnen?
 Lisa	❑	❑	❑	❑	....
 Jonas	❑	❑	❑	❑	....
 Melanie	❑	❑	❑	❑	....
 Vanessa	❑	❑	❑	❑	....
 Anna	❑	❑	❑	❑	....
 Sophie	❑	❑	❑	❑	....
 Luana	❑	❑	❑	❑	....

Sie würden auch gerne in die Wüste fahren. Notiere ihren Kommentar.

1	....
2	....
3	....
4	....

Über das Thema „Entdecken“ – Was könnten sie entdecken?

....

Welches Problem gibt es? ....

Was wäre das schönste Abenteuer? ....

Zu Hause

2 *Wie lautet der Artikel? Indique le genre des mots suivants.*

a. .... Fluss – **b.** .... Sonne – **c.** .... Sand – **d.** .... Skorpion – **e.** .... Astronaut – **f.** .... Raumschiff – **g.** .... Baum – **h.** .... Kamel – **i.** .... Meer – **j.** .... Erde – **k.** .... Schlange – **l.** .... Abenteuer

3 *Ergänze die Sätze mit folgenden Wörtern und schreibe die richtige Endung. Complète les phrases avec les mots suivants et ajoute la terminaison qui convient.*

Wasser – Skorpione – Touristen – Schlangen – Hochhaus

a. In der Wüste gibt es kein..... .... – **b.** Im Dschungel findet man kein..... .... – **c.** Auf dem Mond sind kein..... .... – **d.** Auf einer einsamen Insel sind kein..... ....

In der Schule

4 → Buch, S. 92, 2a. Die haben es geschafft! *Jeder Schüler liest einen Text und macht sich Notizen.*

Text A

die Textsorte	....
die Autorinnen/ die Person(en)	....
das Ziel der Expedition	....
das aktuelle Problem	....

die Kommentare der Mädchen	…………………………………… …………………………………… ……………………………………

Text B

die Textsorte	……………………………………
die Person(en)	……………………………………
die Reise	……………………………………
die Eindrücke (positiv/ negativ)	…………………………………… …………………………………… …………………………………… ……………………………………

5 → Buch, S. 92, 2c. Die haben es geschafft! *Im Plenum wird über die beiden Abenteuer diskutiert.*

Diese Ausdrücke können dir helfen:

etwas Außergewöhnliches erleben – die Arktis mit eigenen Augen sehen – interessante Dinge erfahren – überrascht sein – mutig sein – etwas Extremes tun – Gefahrensituationen meistern

6 → Buch, S. 93, Fünf Abenteuer – welches ist eure Wahl?

Mögliche Argumente:

Man kann… ein Abenteuer erleben – Neues entdecken – seine Träume verwirklichen – viele Dinge erfahren – Fotos machen – Tiere entdecken – Naturphänomene entdecken – schöne Landschaften sehen – weit weg von Zuhause sein
Die Reise kann… interessant sein – spannend sein – fantastisch sein – eine Herausforderung sein – ein Abenteuer sein

Begründungen:

Für uns ist … interessant, weil … – Wir möchten …, denn wir finden, es ist … – Vielleicht könnten wir dort … – Wir hätten Lust, …

Zu Hause

***7** Welches Substantiv passt zu welchem Adjektiv? Verbinde! Quel adjectif correspond à quel nom ? Associe-les.*

arktisch •	• Schneelandschaft
unglaublich •	• Nacht
endlos •	• Stück Eis
riesig •	• Bild
sternklar •	• Ozean

***8** Bilde Sätze mit den Ausdrücken der Übung 7. Forme des phrases avec les expressions ci-dessus.*

....

....

....

***9** Ergänze mit einem der Adjektive im Superlativ. Complète avec un des adjectifs au superlatif.*

jung – schön – interessant – schlimm

a. Die Schülerinnen haben die .... Reise ihres Lebens gemacht. – **b.** Mike ist der .... Umsegler der Welt. – **c.** Was wäre für dich das .... Abenteuer? – **d.** Mike spricht über den .... Moment auf seiner Reise.

***10** Assoziiere ein Subjekt und ein Verb. Associe le sujet et le groupe verbal qui vont ensemble.*

	• etwas schaffen
	• sich freuen
Delfine •	• sich neu motivieren
das Navigationssystem •	• kaputt gehen
Mike •	• schwimmen
	• springen
	• die Leute vermissen

***11** Bilde Sätze mit den Ausdrücken der Übung 10. Forme des phrases cohérentes avec les éléments de l'exercice ci-dessus.*

a. ....

b. ....

c. ....

d. ....

e. ....

f. ....

***12** Bilde Infinitivsätze mit zu. Forme des propositions infinitives avec zu.*

einsam sein – segeln – sich neu motivieren

a. Mike hat immer versucht, ...

b. Es ist nicht einfach, ...

c. Er hat jetzt auch Lust, ...

In der Schule

***13** → Buch, S. 94,* **4a. Typ, Entdecker, Abenteurer oder Idealist?** *Welche Beschreibungen passen zum Forscher, Abenteurer, Idealisten? Notiere die Textstellen für jedes Profil.*

	Profile	das Ziel	Leben im Team	die Vorbereitung
1	seine Träume verwirklichen – eigene Wege gehen → Typ:	.... → Typ:	.... → Typ:	.... → Typ: ....
2	.... → Typ:	.... → Typ:	.... → Typ:	.... → Typ: ....
3	.... → Typ:	.... → Typ:	.... → Typ:	.... → Typ: ....

14 → *Buch, S. 95,* 5a. Ein Forscher und Wissenschaftler *Lies den Text über Alexander von Humboldt. Was erfährst du über:*

seine Lebensdaten	
sein Studium	
seine Vorbereitung der Expedition	
seinen Reisegefährten	
die Expedition	
sein Ziel	
die Rückkehr nach Hause	
sein Werk	

Zu Hause

15 *Hör dir die Aufnahme an und schreib die Zahlen. Écoute le CD et écris les chiffres que tu entends.*

62

a. ....

b. ....

c. ....

d. ....

e. ....

16 *Schreib den Beruf, der zum Verb passt. Écris le nom du métier qui correspond au verbe.*

a. malen → ....

b. lehren → ....

c. verkaufen → ....

d. backen → ....

17 *Assoziiere die Wörter mit dem passenden Verb. Associe chaque mot avec le verbe qui convient.*

a. seine Träume •	• werden
b. Erkenntnisse •	• liefern
c. alle Situationen •	• erfüllen
d. eigene Wege •	• sammeln
e. berühmt •	• mitbringen
f. wichtige Informationen •	• verwirklichen
g. Wissenschaften •	• gehen
h. eine große Summe Geld •	• studieren
i. seinen Wunsch •	• meistern
j. viele Pflanzen •	• erben

18 *Ergänze die Sätze mit den Ausdrücken der Übung 17. Complète les phrases avec les expressions de l'exercice ci-dessus.*

a. Es ist fantastisch, ...

b. Der Botaniker hat Lust, ...

c. Er hat es geschafft, ...

d. Der Abenteurer will ....

e. Er hat versucht, ...

f. Ich möchte ....

19 *Ergänze mit einem Verb im Präteritum. Complète avec un verbe au prétérit.*

mitnehmen – sein – haben – wollen – verlassen –
sich interessieren für – gehen – schreiben

a. Alexander von Humboldt .... ein Wissenschaftler.

b. Er .... alle Wissenschaften.

c. Schon als Kind .... er um die ganze Welt reisen.

d. 1799 .... er den alten Kontinent und .... nach Peru.

e. Er .... die modernsten Instrumente ....

f. Er .... einen sehr guten Freund, Bonpland, der mit ihm die Reise machte.

g. Später .... Humboldt ein berühmtes Buch über seine Expeditionen.

In der Schule

-67

20 → *Buch S. 96, 6a.* Die große Expedition von Humboldt… *Hör das Hörspiel in fünf Teilen. Sieh dir die Karte an. Verfolge den Weg von Humboldt und Bonpland auf der Karte.*

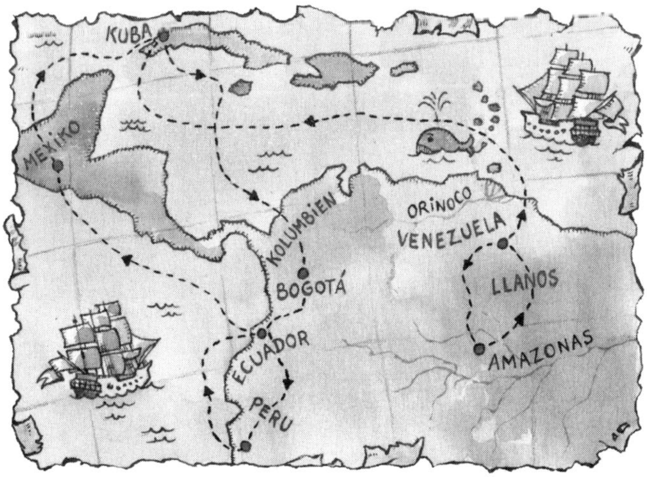

21 → *Buch, S. 96,* 6b. Die große Expedition von Humboldt… *Hör dir jeden Teil an und notiere Stichwörter (Substantive, Verben oder Ausdrücke).*

Teil 1

H.: ....

B.: ....

Am folgenden Tag…

H.: ....

B.: ....

H.: ....

B.: ....

H.: ....

Teil 2

H.: ....

B.: ....

H.: ....

Einige Tage später…

H.: ....

B.: ....

H.: ....

B.: ....

H.: ....

B.: ....

H.: ....

Ein Indianer: ....

Teil 3

H.: ....

B.: ....

H.: ....

B.: ....

H.: ....

B.: ....

H.: ....

B.: ....

H.: ....

B.: ....

H.: ....

Teil 4

H.: ....

Alter Sklave: ....

H.: ....

Sklave: ....

H.: ....

Sklave: ....

H.: ....

Sklave: ....

H.: ....

Sklave: ....

H.: ....

Sklave: ....

Teil 5

H.: ....

B.: ....

H.: ....

Einige Stunden später…

H.: ....

B.: ....

H.: ....

B.: ....

H.: ....

B.: ....

Hör dir jeden Teil genau an. Lies noch einmal die Legenden und mach dir Notizen.

Teil 1

– Zum Berg: ....

– Zur Reaktion Bonplands: ....

Teil 2

– Zur Landschaft: ....

– Zum Fangen der Zitteraale: ....

Teil 3

– Zum Dschungel: ....

– Zu Humboldts Charakter: ....

Teil 4

– Zum Dialog mit dem Sklaven: ....

– Zu Humboldts Reaktion: ....

Teil 5

– Zum Bergsteigen: ....

– Zur Beziehung von Humboldt und Bonpland: ....

22 → ***Buch, S. 96, 6c.* Die große Expedition von Humboldt…** *Du kennst jetzt mehrere Facetten von Alexander von Humboldt. Verbinde jedes Etikett mit dem Teil/den Teilen des Hörspiels, zu dem/denen es passt.*

der Botaniker — Teil ....

der engagierte Mensch — Teil ....

der Geologe — Teil ....

der Entdecker — Teil ....

der Forscher — Teil ....

der Mediziner — Teil ....

der Abenteurer — Teil ....

Zu Hause

***23 Schreibtraining** Schreib einen kurzen Text über die Expedition Humboldts. Wohin wollte er? Mit wem war er unterwegs? Was hat er entdeckt? Welche Gefahren gab es? Résume l'expédition de Humboldt.* →

***24** Antworte auf die Fragen mit einem Infinitivsatz. Réponds aux questions en utilisant une phrase infinitive.*

a. Was war für Mike Perham fantastisch? *(nachts Delfine sehen)*

....

b. Was hat die zwei Schülerinnen besonders überrascht? *(keinen Schnee sehen)*

....

c. Was war für Bonpland am schwierigsten? *(immer früh aufstehen)*

....

d. Was hat ihm am besten gefallen? *(exotische Pflanzen sammeln)*

....

SPRACHE… MIT SYSTEM

Zu Hause

GRAMMATIK

***1** Ergänze mit der richtigen Endung. Complète avec la terminaison qui convient.*

Robinson Crusoe hatte kein.......... Handy, kein.......... Freund, kein.......... Haus, kein.......... Computer, kein.......... Freundin. Wahnsinn!

***2** Ergänze den Text mit der je passenden Superlativ-Form. Complète le texte avec l'adjectif qui convient au superlatif.*

gut – hoch – modern – schlimm

a. Humboldt nahm die .... Instrumenten mit. – **b.** Er machte sich mit seinem .... Freund auf den Weg. – **c.** Er stieg auf den ....

Vulkan Südamerikas. – **d.** Die Freunde erlebten ihren .... Moment auf dem Chimborazo.

***3** Schreib das Nomen, das zu jedem Verb passt. Écris le nom qui correspond au verbe.*

a. erzählen → die .... **d.** überraschen → die ....

b. liefern → die .... **e.** empfehlen → die ....

c. sammeln → die .... **f.** hoffen → die ....

***4** Ergänze die Sätze mit dem passenden Beruf. Complète les phrases avec le métier qui convient.*

a. Eine Frau, die Tennis spielt, ist eine .... – **b.** Ein Mann, der Dinge verkauft, ist ein .... – **c.** Eine Frau, die Ballett tanzt, ist eine .... – **d.** Ein Mann, der den Bus fährt, ist ein ....

AUSSPRACHE

68 ***5a.** Hör dir die Wörter an und kreuze an, ob du den Laut* [z] *oder* [ts] *hörst. Coche si tu entends le son* [z] *ou* [ts].

	1	2	3	4	5	6
[z]	❑	❑	❑	❑	❑	❑
[ts]	❑	❑	❑	❑	❑	❑

68 ***b.** Hör noch einmal zu und schreib die Wörter auf. Réécoute le passage et écris les mots.*

1. .... – **2.** .... – **3.** .... – **4.** .... – **5.** .... – **6.** ....

69 ***6** Hör dir den Textauszug an und lies dann vor. Écoute l'extrait puis lis-le à haute voix.*

– Ich habe gehört, dass es in den Sümpfen von Manzanares Zitteraale gibt.
– Aber wir können sie nicht lebend fangen! Mit bloßen Händen ist es gefährlich.
– Ich will unbedingt diese Aale fangen!
– Mit bloßen Händen?
– Wir haben zu arbeiten, nicht zu diskutieren, Citoyen Bonpland!

Einheit 3 Etappe 9

In der Schule

1 → Buch, S. 101, 1 Latein lebt weiter *Sieh dir die lateinischen Wörter an, die sich auf die Themen Haus und Essen beziehen. Welche deutschen Wörter passen zu ihnen?*

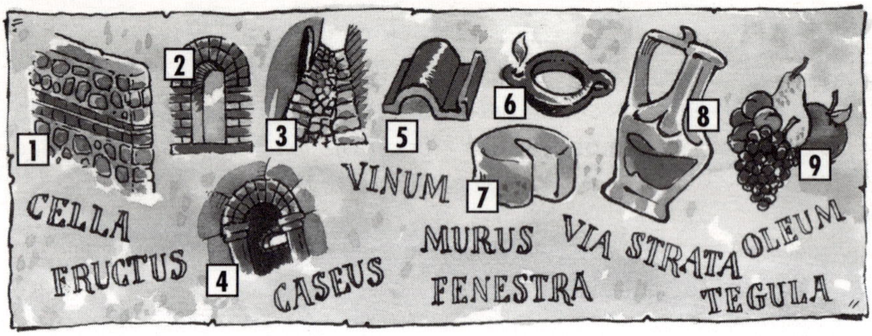

1	4	7 ....
2	5	8 ....
3	6	9 ....

2 → Buch, S. 101, 2 Kreativ mit Latein *Lies die Aussagen. Welche Aussage passt zu welchem Produkt?*

Bild	A	B	C	D
Aussage	....	....	....	....

3 → Buch, S. 101 > Und jetzt… *Kennst du andere Produktnamen, die mit Latein spielen? Denk an Autos, Milchprodukte, Putzmittel, Schokoprodukte… Folgende lateinische Wörter können dir helfen.*

<u>Nomen</u>

amor, is (m): *l'amour*
acqua, ae (f): *l'eau*
calor, is (m): *la chaleur*
caesar, caesaris (m): *l'empereur*
hepar, hepatis (n): *le foie*
fructus, us (m): *le fruit*
lac, lactis (n): *le lait*
luna, ae (f): *la lune*
mel, mellis (n): *le miel*
sensus, us (m): *le goût, le sens*
stella, ae (f): *l'étoile*
terra, ae (f): *la terre*

<u>Adjektive</u>

activus, a, um: *actif*
bonus, a, um: *bon, de bonne qualité*
candidus, a, um: *blanc*
felix, felicis: *heureux*
novus, a, um: *nouveau, récent*
sanus, a, um: *sain, en bonne santé*
ultimus, a, um: *ultime, le plus fort*

ZU HAUSE

4 *Kleines Lateinquiz. Hör zu und beantworte die Fragen. Écoute et réponds aux questions.*

70

1. .... 4. ....

2. .... 5. ....

3. .... 6. ....

In der Schule

5 → ***Buch, S. 102,* 3a. Latein pro und contra** *Hör dir die Interviews mit Schülern an. Sie sprechen über Latein. Notiere ihre positiven und negativen Argumente.*

71

positive Argumente	negative Argumente

6 → ***Buch, S. 102,* 4a. Latein groovt!** *Lies den Text und mach dir Notizen zu folgenden Punkten.*

Name der Band	
Geschichte	
Musikstil	
Sprache	

***7 → Buch, S. 102, 4b. Latein groovt!** Lies die ersten Sätze des Lieds „Die da" und sieh dir danach die lateinische Version an. Welche lateinischen Sätze passen zu den deutschen?*

Hallo Thomas! Hallo. Alles klar? •	• Iterum est Veneris eadem caupona.
Es ist schon wieder Freitag, es ist wieder diese Bar, •	• Nunc adiuvor Fortuna optima expectans.
Und ich muss dir jetzt erzählen was mir widerfahren ist. •	• Nunc mihi narrandum est, quod mi acciderit.
Jetzt seh ich die Zukunft positiv, denn ich bin Optimist. •	• Salve Thomas! Salve! Valesne? Valeo!

***8 → Buch, S. 103,** **5 Latein-Boom in Deutschland** Lies den Artikel und mach dir Notizen zu folgenden Punkten.*

Latein in der Schule	....
Argumente für Latein	....
Latein ist „in"	....

***9 → Buch, S. 103** > Und jetzt… Macht eine Debatte zum Thema „Latein lernen? Das bringt doch nichts!". Schreibe alle Argumente pro und contra Latein, die du gelesen hast.*

	Argumente für Latein	Argumente gegen Latein
Arbeit	....	....
Interesse	....	....
Kommunikation	....	....

	Argumente für Latein	Argumente gegen Latein
Studium	....	....
Kultur	....	....
Nachdenken	....	....

ZU HAUSE

***10** Verbinde die Wörter mit dem passenden Verb. Relie les mots ci-dessous avec le verbe qui convient.*

a. gut •	• stammen
b. um 30 % •	• lernen
c. Vokabeln •	• besser verstehen
d. lange Texte •	• arbeiten
e. auf die Idee •	• steigen
f. lateinischen Ursprungs •	• analysieren
g. aus dem Lateinischen •	• kennen lernen
h. die Sprache •	• sein
i. die Geschichte der Antike •	• zusammenpassen
j. strukturiert •	• kommen
k. die Grammatik •	• übersetzen

***11** Ergänze die Sätze mit den Ausdrücken der Übung 10. Complète les phrases avec les expressions de l'exercice ci-dessus.*

a. Die Zahl der Schüler, die Latein lernen, ...

b. Viele englische Wörter ....

c. Latein und Hiphop ....

d. In Latein kann man ....

e. In Latein muss man ....

f. In Latein lernt man, ... zu ....

g. Clemens Liedtke ist ...., ein Lateinlied zu schreiben.

73

12 *Hör dir das Interview mit Dominik an. Er spricht über Latein. Mach dir Notizen zu folgenden Punkten. Écoute l'interview de Dominique, il parle du latin. Prends des notes sur les éléments suivants.*

a. Seit wann hat er Latein? ....

b. Wie fand er Latein? ....

c. Waren seine Eltern für oder gegen Latein? ....

d. Was ist Dominiks Berufswunsch? ....

e. Wie findet er Latein heute? ....

f. Was mag er? ....

g. Was mag er nicht so sehr? ....

In der Schule

74

13 → ***Buch, S. 104, 6a.* Im Geschichtsunterricht** *Hör dir das Interview mit dem Geschichtslehrer Herrn Reinhardt an. Mach dir Notizen zu folgenden Punkten.*

die römischen Provinzen	der Limes	die römischen Siedlungen
....	....	....
....	....	....
....	....	....
....	....	....
....	....	....

14 → ***Buch, S. 104, 6b.* Im Geschichtsunterricht** *Sieh dir die Karte an. Wie heißen die Städte heute?*

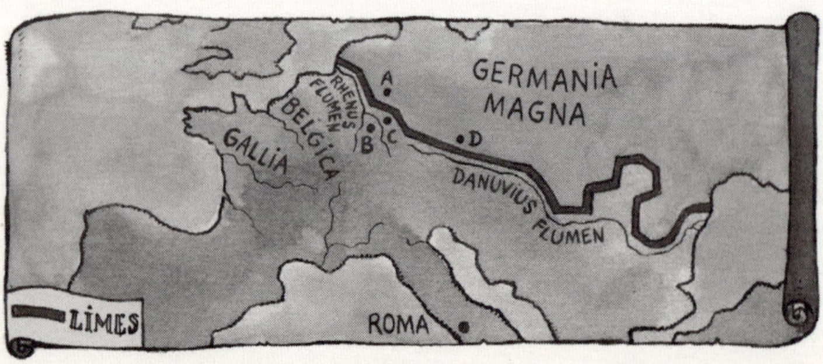

a. ....

b. ....

c. ....

d. ....

15 → **Buch, S. 104, 7a. Römische Bauexperten** *Bildet Gruppen. Jede Gruppe sieht sich die Materialien an und macht sich Notizen zu folgenden Punkten:*

A. Der Limes

Bauphasen	....
Aussehen	....
Funktion	....
Heute	....

B. Das germanische Haus / Das römische Haus

… ist größer / kleiner / breiter / höher als …
… hat mehr …

....

....

C. Augusta Treverorum

deutscher Name	....
Bau	....
Funktion	....
Wahrzeichen	....
römische Bauten	....

Zu Hause

16 *Kleines Römerquiz. Hör zu und beantworte die Fragen. Écoute et réponds aux questions.*

75

1. ....

2. ....

3. ....

4. ....

5. ....

6. ....

7. ....

17 *Beantworte die Fragen mit einem Relativsatz. Réponds aux questions en utilisant une proposition relative.*

a. Was ist der Limes? Eine Mauer – schützte die römischen Provinzen.

....

b. Was ist die „Porta Nigra"? Ein Stadttor – wurde im Jahre 180 n. Chr. in Trier gebaut.

....

c. Was ist ISTA? Eine deutsche Hiphopgruppe – rappt auf Latein.

....

d. Was ist das große Latinum? Ein Diplom – wird zum Beispiel für das Studium von Medizin verlangt.

....

18 *Wann und wo wurden diese Denkmäler gebaut? Bilde Sätze im Passiv. Quand ces monuments ont-ils été construits ? Forme des phrases au passif.*

a. der Limes – im 1. Jahrhundert n. Chr. – in Germanien

....

b. das Brandenburger Tor – 1734 – in Berlin

....

c. das Schloss Nymphenburg – 1664 – in München

....

d. der Uhrturm – im 13. Jahrhundert – in Graz

....

Schreiben ***19 Schreibtraining*** *Beschreibe entweder das germanische oder das römische Haus.*

....

....

....

....

....

In der Schule

20 → *Buch, S. 106,* 8a. Eine blutige Schlacht *Sieh dir das Bild an und lies den ersten Teil des Textes (Z. 1-4). Sammle Informationen zu der Hauptperson.*

Name: ....

Herkunft: ....

Familie: ....

Alter: ....

21 → *Buch, S. 106,* 8b. Eine blutige Schlacht *Lies den Auszug aus einem Geschichtsbuch. Lies dann den Text (Z. 8-15). Was erfährst du über die Schlacht?*

Ort der Schlacht	....
die Germanen	....
ihr Aussehen	....

22 → *Buch, S. 106,* 9a. Und jetzt? *Lies den Text (Z. 16-24) und mach dir Notizen zu folgenden Punkten:*

Numas Gesundheit	....
der Ort, wo er liegt	....
die Person, die sich um ihn kümmert	....

23 → ***Buch, S. 106*, 9b. Und jetzt?** *Sieh dir die Bilder an und lies noch einmal den ganzen Text. Was passiert jetzt und was passiert in Numas Erinnerung? Welche Textstelle passt zu welchem Bild? Notiere die Zeilen.*

....

....

24 → ***Buch, S. 106*, 9c. Und jetzt?** *Lies den Text (Z. 24-Ende) und sammle Informationen zum Mädchen.*

Name: ....

Risiken: ....

Gefühle: ....

Hoffnung: ....

Zu Hause

25 *Was ist passiert? Bilde Sätze im Passiv. Que s'est-il passé ? Forme des phrases au passif.*

a. Die Römer? Besiegt! ....

b. Numa? In der Schlacht verletzt! ....

c. Varus? Getötet! ....

d. Arminius? 12 Jahre nach der Schlacht ermordet! ....

26 *Ergänze die Genitiv-Endungen. Complète avec les terminaisons du génitif.*

a. Brünnlein mag die Augen d.......... jungen Römer.......... . – **b.** Der Chef d.......... römischen

Legionen.......... wurde in der Schlacht getötet. – **c.** Arminius war der Chef d..........

Cherusker.......... . – **d.** Die Varusschlacht ist die bedeutendste Niederlage d.......... römischen

Reich.......... in Germanien.

SPRACHE... MIT SYSTEM

Zu Hause

GRAMMATIK

***1** Beantworte die Fragen mit einem Relativsatz. Réponds aux questions en utilisant une proposition relative.*

a. Wer ist Varus? Ein Senator – führte die römischen Soldaten.

....

b. Wer sind die Cherusker? Ein germanischer Stamm – besiegte die Römer.

....

c. Wer ist Numa? Ein junger Römer – wurde im Kampf verletzt.

....

d. Wer ist Brünnlein? Eine junge Germanin – pflegte den römischen Soldaten.

....

***2** Wann passierte was? Bilde Sätze im Passiv mit diesen Ausdrücken. Forme des phrases au passif à l'aide des éléments ci-dessous.*

im Jahre 9 n. Chr. im 1. Jahrhundert 180 n. Chr. um 260 n. Chr. vor kurzem 2005	die römischen Legionen die „Porta Nigra" der Limes ein kleines Museum eine Limespalisade	vernichten bauen aufgeben installieren restaurieren

....

....

....

3 ***Welche Aufgaben hatten die römischen Götter und Göttinnen? Bilde Sätze mit dem Genitiv.***
De quoi s'occupaient les dieux et les déesses des Romains ? Forme des phrases avec un génitif.

Neptun	**das Meer**	Neptun war der Gott des Meeres.
Minerva	**die Weisheit – die schönen Künste**	…………
Mars	**der Krieg**	…………
Venus	**die Liebe**	…………
Apollo	**das Licht – die Dichtung**	…………
Diana	**die Jagd**	…………
Vulcanus	**das Feuer**	…………
Merkur	**der Handel**	…………

AUSSPRACHE

4 ***Hör zu und wiederhole die Wörter. Ergänze die Wörter mit „au" oder „äu".*** *Écoute et répète les mots. Complète-les avec „au" ou bien „äu".*

76

a. Tr..........me – **b.** ....f – **c.** tr..........mt – **d.** Wettl..........fen – **e.** L..........f – **f.** H..........s – **g.** B..........me

5 ***Hör dir den Textauszug an und lies dann vor.*** *Écoute l'extrait du texte puis lis-le à haute voix.*

77 Das Fieber bringt Träume. Numa liegt auf einem Strohbett und träumt vom Sizilien seiner Kindheit. Er träumt von der Sonne über dem Hafen von Syrakus. Er träumt davon, wie er mit seinen Schwestern am Kai spielte, und von ihren Wettläufen um die Statue… die Statue der Göttin.

Kiefer Landolt, *Die Göttin des Glücks*

Einheit 4 Etappe 10

In der Schule

1 → Buch, S. 117, 1d. Bitte lächeln! *Verändere das Gedicht so, dass die Perspektive die der anderen Person sein könnte. Tipp: Die Fragen können dir helfen.*

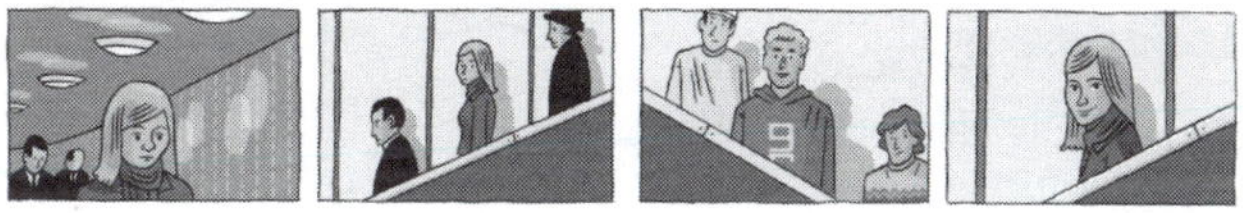

U-Bahn-Morgen

Ich sehe dich.

Wie sieht „du" aus? ....

Was kann „ich" machen? ....

Was kann „ich" sagen? ....

Wie reagiert „du"? ....

Was passiert? ....

Wie ist der Tag jetzt? ....

2 → Buch, S. 117, 2 (Un)Menschlich... *Ordne die Wörter und ergänze die Liste.*

☺	☹
....	**Einsamkeit**
....	**allein**
....	....
....	....
....	....
....	....

Zu Hause

3 Schreibtraining *Du sollst einen Vorschlag machen, wie das Zusammenleben in der Schule besser laufen kann. Du kannst folgende Punkte behandeln: Comment améliorer la vie des uns et des autres à l'école ? Fais une proposition en t'aidant des points suivants :*
Was immer wieder passiert (aggressive Schüler, Streit...), was man machen kann (reden, gemeinsame Regeln aufstellen...), was dann besser werden wird (keine bösen Worte mehr, keine Angst...).

In der Schule

4 → *Buch, S. 118,* 3b. Zusammen etwas tun – aber wie? *Lies die drei folgenden Sätze von Kindern, die bei Aktionen in der Schule mitgemacht haben. Welches Foto passt zu welchem Satz?*

	A	B	C
Wir machen alles zusammen!	❑	❑	❑
Wir engagieren uns für Kinder aus der Dritten Welt.	❑	❑	❑
Die Welt ist krank – wir tun etwas!	❑	❑	❑

5 → *Buch, S. 118,* 4b. Sie sind aktiv! *Mit deinem Partner sollst du mit einem Plakat für eine Aktion werben. Dafür kannst du das Poster benutzen. Suche im Text nach Informationen, die ihr für das Plakat gebrauchen könnt.*

Die Aktion vorstellen
....
....
....
....
....
....
....
....

Was die Schüler machen sollen
....
....
....
....
....
....

Andere Informationen
....
....
....
....
....
....
....
....

Wer alles organisiert
....
....
....
....
....
....

78

6 → Buch, S. 119, 5a. Engagierst du dich? *Hör jetzt das Interview der Münchner. Was meinen sie zum Thema Engagement? Mach dir Notizen zu folgenden Punkten:*

	Beispiele für ihr Engagement	Verben, die Engagement definieren	Engagement – für wen?
 Anna			
 Vanessa			
 Jonas			

Zu Hause

7 *Wie sind diese Wörter zusammen gesetzt? Schreibe jedes Wort mit seinem Artikel auf und übersetze es dann. Décompose les mots suivants puis indique leur genre et leur sens en français.*

	d... ... + d... ...	französische Übersetzung
die Schülerzeitung		
der Klassensprecher		
die Aktionsgemeinschaft		

	d… … + d… …	französische Übersetzung
der Regenwald	……………………………………	……………………………………
das Schuljahr	……………………………………	……………………………………
die Klimakatastrophe	……………………………………	……………………………………
das Organisationstalent	……………………………………	……………………………………
die Partnerschule	……………………………………	……………………………………
die Kontaktfreude	……………………………………	……………………………………

8 Ergänze mit der richtigen Endung. *Complète avec la terminaison qui convient.*

a. Du kannst mit dein.......... Klasse eine Aktion organisieren.

b. Raus aus d.......... Klassenzimmer!

c. Dann komm um 14 Uhr z.......... Lauf für den Regenwald.

d. Das Ziel von d.......... Schülern ist Geld für Afrika zu sammeln.

e. Schon bei.......... Start sind Schüler und Lehrer motiviert.

f. Sie haben seit ein.......... Jahr trainiert.

g. Nach d.......... Lauf sind alle Schüler müde, aber froh, sich engagiert zu haben.

9 Antworte mit folgenden Ausdrücken auf die Fragen. *Réponds aux questions à l'aide des éléments ci-dessous.*

Schülern der Klasse 5 und 6 helfen – Geld sammeln – für unsere Aktion werben

a. Wozu suchen die Schüler Sponsoren?

……………………………………………………………………………………

b. Wozu werden manche Schüler Tutoren?

……………………………………………………………………………………

c. Wozu machst du ein Plakat?

……………………………………………………………………………………

In der Schule

10 → ***Buch, S. 120,* 6b. Das Mädchen aus Ruanda** *Lies den Text und suche nach Informationen über:*

– Name, Alter – weitere Informationen	....
– ihre Geschwister – ihre Eltern	....
– ihr Zuhause – ihr Leben	....
– die Schule	....

11 → ***Buch, S. 121,* 7a. Laufend die Welt bewegen** *In A-E findest du fünf Absätze einer Reportage über eine Solidaritätsaktion in einer deutschen Schule. Lies die verschiedenen Teile. Welche Reihenfolge ist für dich logisch, um einen Artikel daraus zu machen?*

Reihenfolge	1	2	3	4	5
Text	....	....	....	....	....

12 → ***Buch, S. 121,* 7b. Laufend die Welt bewegen** *Ihr sollt eine ähnliche Aktion in eurer Schule organisieren. Macht gemeinsame konkrete Vorschläge.*

Die Aktion
Ziel: .... Was? .... Wer? Schüler (welche Klassen) – Eltern? – Lehrer – andere Personen? ....
Die Organisation
Wann? .... Wo? .... Partner (Sponsoren...) ....

Zu Hause

79

13 *Hör das Interview mit Lukas und antworte auf die Fragen. Écoute l'interview de Lukas et réponds aux questions.*

a Bei welcher Aktion hat Lukas mitgemacht?

b. Was sagt er über seine Sponsoren?

c. Wie viel Geld hat er gesammelt?

d. Was sagt er über die Organisation?

e. Hat er Lust, nächstes Jahr noch mal mitzumachen?

14 *Lies noch einmal den Text und markiere die attributiven Adjektive. Relis le texte et surligne les adjectifs épithètes que tu trouves. Indique leur genre et leur cas.*

Mukandayisenga ist acht Jahre alt und gerade eingeschult worden. Sie besucht die Kigeyo Grundschule im Osten Ruandas, nahe der Provinzhauptstadt Giseny. Stolz zeigt die Kleine ihre Schuluniform: In ihrem blauen Kleid unterscheidet sie sich nicht von den anderen 1.100 Kindern an ihrer Schule. Doch nach dem Unterricht beginnt für sie gleich wieder der Ernst des Lebens. Während die meisten ihrer Klassenkameraden zu ihren Eltern heimkehren, hat Mukandayisenga nur ihre drei Geschwister, die für sie sorgen: den 12-jährigen Manessé, die 17-jährige Niyiramana und den 23 Jahre alten Emanuel. Nach dem Tod ihrer Eltern ist die kleine Familie ganz auf sich gestellt. Ihr Zuhause ist eine baufällige Lehmhütte auf einer winzigen Parzelle in der Nähe des Dorfes. Emanuel und Manessé bauen dort Kartoffeln und Gemüse an. „Ich weiß nie, ob wir genug zu essen haben werden", sagt Emanuel, der Älteste, mit ernstem Blick. „In unserer Hütte regnet es durch. Und niemand hilft uns, wenn einer von uns krank wird." Ab und zu verdient er in der Küche einer nahe gelegenen Pfarrei ein paar Francs. Doch es reicht vorn und hinten nicht. Weil Emanuel nie Lesen und Schreiben gelernt hat, findet er keine bessere Arbeit. Die 17-jährige Schwester schaffte es nur drei Jahre lang unregelmäßig zum Unterricht. Und auch der 12-jährige Manessé hat die Schule schon zum zweiten Mal abgebrochen. Die Geschwister hoffen jetzt, dass wenigstens Mukandayisenga durchhält.

***15** Ergänze mit der richtigen Konjunktion. Complète avec la conjonction qui convient.*

weil – ob – dass – während – wenn

a. Das Wichtigste ist, ... möglichst viele Schüler mitmachen.

b. Viele Leute engagieren sich für Solidaritätsaktionen, ... andere total gleichgültig sind.

c. Die Schüler wissen nicht, ... sie viele Sponsoren finden werden.

d. .... sie genug Geld sammeln, werden sie eine Solaranlage und warme Kleidung kaufen.

e. Lukas hat beim Lauf mitgemacht, ... er sich mitverantwortlich für die Ärmeren fühlt.

In der Schule

***16** → **Buch, S. 122, 8a. Zusammen für...** Sieh dir das Buchcover an und denke über folgende Punkte nach:*

Die Personen	....
Die Aktion auf dem Bild	....

***17** → **Buch, S. 122, 9 Menschen in Not,** Lies den ersten Teil des Textes (bis Z. 18). Suche nach Zitaten im Text, die auf folgende Fragen antworten.*

a. Wer ist Noel? ....

b. Warum sind die Menschen in der Kirche versammelt?

....

c. Wie reagieren die Menschen in der Kirche?

....

d. Welche Fragen stellt sich Paula? ....

....

18** → **Buch, S. 122, **10 Zwei Aktionen** *Lies den zweiten Teil des Textes (Z. 19-27) und mach dir Notizen zu den zwei Aktionen.*

	Was für eine Aktion?	Für wen?	Andere Informationen
Vor einem Jahr	....	....	....
Das neue Projekt	....	....	....

19** → **Buch, S. 122, **11 Die Schüler sind dran!** *Lies den letzten Teil des Textes und sammle Informationen über die Rolle der Schüler bei der Aktion.*

Sie sollen ....

....

Zu Hause

80

***20** Hör dir die Aufnahme an und unterstreiche die betonte Silbe. Dann wiederhole die Wörter.*
Écoute et souligne la syllabe accentuée. Puis répète les mots suivants :

1. Alltag – **2.** Aktion – **3.** aktiv – **4.** AG – **5.** Artikel – **6.** Arbeit – **7.** Afrika

81

***21** Hör dir die Aufnahme an und kreuze an. Écoute et coche le chiffre que tu entends.*

a. ❑ 2001 ❑ 2010 ❑ 2100
b. ❑ 1200 ❑ 2012 ❑ 2120
c. ❑ 150 ❑ 5000 ❑ 500
d. ❑ 380 ❑ 318 ❑ 320

***22** Assoziiere die Wörter mit der passenden Verbform. Associe les mots avec la forme verbale qui convient.*

a. Kirchenasyl	•	•	trainieren
b. von Abschiebung	•	•	veranstalten
c. einen Solidaritätslauf	•	•	suchen
d. Sponsoren	•	•	finden
e. fleißig	•	•	bedroht sein

23 *Ergänze die Sätze mit den Ausdrücken der Übung 22. Complète les phrases avec les expressions de l'exercice ci-dessus.*

a. Noel Owusu und seine Familie ....

b. Die Lehrer und die Eltern wollen ....

c. Die Schüler müssen jetzt ....

SPRACHE… MIT SYSTEM

Zu Hause

GRAMMATIK

1 *Ergänze die Sätze mit den richtigen Endungen. Complète les phrases avec les terminaisons qui conviennent.*

a. D.......... klein.......... Mukandayisenga lebt mit ihren Geschwistern im Dorf. – **b.** D.......... 17-jährig.......... Schwester und d.......... 23-jährig.......... Bruder kümmern sich um Mukandayisenga. – **c.** D.......... arm.......... Noel musste in der Kirche schlafen. – **d.** D.......... Wichtigst.......... ist, den Kindern helfen zu können. – **e.** „Wir sind d.......... größt.......... Schule, die jemals mitgemacht hat."

2 *Antworte! Réponds aux questions suivantes.*

a. Wozu braucht man Tutoren in der Schule?

....

b. Wozu veranstalten Lehrer und Eltern einen Solidaritätslauf?

....

c. Wozu arbeiten Schüler in der „Lupila-AG"?

....

d. Wozu müssen die Schüler fleißig trainieren?

....

***3** Gegensätze! Lies die Aussagen und bilde Sätze nach dem Beispiel. Quel contraste ! À l'aide des éléments ci-dessous, forme des phrases comme dans l'exemple suivant :*

In einigen Teilen der Welt herrschen Konsum und Überfluss.	In anderen Teilen der Erde hungern Menschen.

→ Während in einigen Teilen der Welt Konsum und Überfluss herrschen, hungern in anderen Teilen der Erde die Menschen.

Hier sind die Menschen zu dick und krank. •	• Die Kinder in Afrika würden gerne zur Schule gehen.
Die Kinder der Industrienationen sind im Unterricht oft unkonzentriert. •	• Das Geld fehlt dort dringend.
Wir wissen oft nicht, wie wir unser Geld ausgeben sollen. •	• In der Dritten Welt sind viele Menschen unterernährt.

....

....

....

AUSSPRACHE

82 ***4a.** Hör dir die Aufnahme an und kreuze an. Écoute les mots extraits du texte, p. 123 de ton manuel et coche si tu entends le son* [f] *ou* [v].

	1	2	3	4	5
[f]	❑	❑	❑	❑	❑
[v]	❑	❑	❑	❑	❑

82 ***b.** Hör dir noch einmal die Aufnahme an und schreib die Wörter. Réécoute l'enregistrement et écris les mots.*

....

83 ***c.** Hör dir den Textauszug an und lies dann vor. Écoute l'extrait du texte puis lis-le à voix haute.*

„Wie ihr vielleicht von euren Klassenlehrerinnen und -lehrern gehört habt, ist es ein trauriger Anlass, zu dem wir uns hier versammeln. Euer Mitschüler Noel Owusu und seine Familie sind von Abschiebung bedroht und haben in der Friedenskirche hier in unserem Stadtteil Kirchenasyl gefunden. Ihnen, Pastor Odental, und Ihrer Gemeinde dafür herzlichen Dank!" Beifall kam auf. Pastor Odental trat einen Schritt auf die Bühne zu und nickte kurz als Dank.

Aus: Ulrike Kuckero, *Paulas Powerbuch*

Einheit ④ Etappe 11

In der Schule

1 → Buch, S. 127, 1a. Der Schokoladentest – ganz fair play. *Antworte so spontan und ehrlich wie möglich auf die Fragen. Manchmal sind mehrere Antworten möglich.*

„Dein Schokolade-Profil"

1. Wie oft isst du Schokolade?
   - ❑ **a.** Ich esse selten Schokolade.
   - ❑ **b.** Ab und zu ein Stück.
   - ❑ **c.** Immer, wenn ich welche habe.
   - ❑ **d.** Täglich, wenn möglich.

2. Was für Schokolade isst du gerne?
   - ❑ **a.** Vollmilch
   - ❑ **b.** Vollmilch-Nuss
   - ❑ **c.** Bitter
   - ❑ **d.** Zartbitter
   - ❑ **e.** andere

3. Was ist dir wichtig, wenn du Schokolade kaufst? Mehrere Antworten sind möglich!
   - ❑ **a.** der Preis („Möglichst billig!")
   - ❑ **b.** die Verpackung
   - ❑ **c.** die Werbung
   - ❑ **d.** der Geschmack
   - ❑ **e.** der Kakao-Anteil
   - ❑ **f.** die Marke

4. Hast du die Begriffe „Fairtrade" oder „Fairer Handel" schon einmal gehört?
   - ❑ **a.** ja
   - ❑ **b.** nein
   - ❑ **c.** weiß nicht

5. Schokolade und Fairer Handel – was kann das sein?
   - ❑ **a.** Die Bauern[1] bekommen mehr Lohn[2].
   - ❑ **b.** Kinderarbeit auf den Plantagen ist verboten.
   - ❑ **c.** Die Herstellerländer[3] bekommen mehr Geld.
   - ❑ **d.** Die Tafel Schokolade im Laden ist billiger.
   - ❑ **e.** Man weiß, woher die Schokolade kommt.

6. Hast du schon einmal Schokolade aus Fairem Handel gekauft/gegessen?
   - ❑ **a.** ja
   - ❑ **b.** nein
   - ❑ **c.** weiß nicht

7. Wenn eine Tafel Schokolade normalerweise 1 Euro kosten würde, wie viel würdest du für das gleiche Produkt aus dem Fairen Handel bezahlen?
   - ❑ **a.** 1 €
   - ❑ **b.** 1,10 €
   - ❑ **c.** 1,20 €
   - ❑ **d.** 1,30 €
   - ❑ **e.** 1,40 €
   - ❑ **f.** 1,50 €
   - ❑ **g.** noch mehr…

1. der Bauer: *le cultivateur* – 2. der Lohn: *la rémunération* – 3. das Herstellerland: *le pays producteur*

Zu Hause

2 *Welcher Begriff passt nicht zu den anderen? Streiche durch! Barre l'intrus.*

a. Honig – Schokolade – Kaffee – Jeans – Tee – Kakao
b. Geld – Preis – Milch – billig – teuer – kosten
c. Tafel – Verpackung – Preis – Laden – Zartbitter
d. Kinderarbeit – Lohn – Bauern – Plantage – Geschmack

84

***3** Hör dir die Aufnahme an. Welches Schokolade-Profil hat der Jugendliche? Écoute l'enregistrement. Quel type d'amateur de chocolat est ce garçon ?*

Der Junge isst .... Schokolade. Er mag am liebsten .... Es ist ihm wichtig, dass sie .... schmeckt. Er findet es gut, wenn die Schokolade .... ist. Aber er bezahlt auch .... Geld, wenn die Schokolade aus dem Fairen Handel kommt. Er findet Fairen Handel .... !

***4** Schau dir das Beispiel an und mache weiter! Regarde l'exemple et complète.*

sehr oft – selten – ab und zu – oft

a. Ich esse täglich Schokolade. → sehr oft → Ich esse sehr oft Schokolade.

b. Ich esse einmal pro Woche Schokolade. → .... → ....

c. Ich esse einmal pro Monat Schokolade. → .... → ....

d. Ich esse alle drei bis vier Monate Schokolade. → .... → ....

In der Schule

85

5 → Buch, S. 128, 2 Fairer Handel – was sagen die Münchner dazu? *Hör dir das Gespräch der Münchner an. Was erfährst du zu folgenden Punkten? Notiere Stichpunkte.*

a. Fairer Handel – was heißt das? ....

....

b. Ihre Meinung zum Thema Fairer Handel in drei Punkten:

1. ....

2. ....

3. ....

c. Was ihre Familien machen.

....

....

....

d. Was man besser machen soll.

Zum Thema:	Kommentare der Münchner
Produkte	....
Werbung	....
Geschäfte	....

6 → *Buch, S. 128,* 3 Fairer Handel – ganz konkret

Text A: Eine Tafel Schokolade – wer bekommt was?

Mit dieser Rechenaufgabe kann man klar zeigen, wer was bekommt. Zuerst musst du addieren, dann substrahieren…

TAFEL 1	TAFEL 2
a = ... Stückchen	a = ... Stückchen
b { Supermarkt: .... Stückchen + Firma: .... Stückchen + Transport/Verpackung: .... Stückchen	b { Supermarkt: .... Stückchen + Firma: .... Stückchen + Transport/Verpackung: .... Stückchen
b = ... Stückchen Rest (a-b) = ... Stückchen Der Kakaobauer bekommt .... Stückchen.	b = ... Stückchen Rest (a-b) = ... Stückchen Der Kakaobauer bekommt .... Stückchen.

Text B: Fairer Handel – warum eigentlich?

Billige Schokolade im Super-Sonderangebot: Warum kann das ein Problem sein? Hier ein paar Hilfen, um den Text der Klasse vorzustellen. Im Text findest du Wörter, um die Sätze im Kasten a. zu ergänzen.

a.

Der Käufer	.... Geld ....
Das Geschäft	.... Gewinne.
Die Arbeiter	haben .... Arbeitsbedingungen und verdienen .... Geld.
Ihre Kinder	.... zur Schule gehen.

Was kann der Faire Handel besser machen? Ergänze die Sätze im Kasten b.

b.

Die Arbeiter	verdienen .... Geld und haben .... Arbeitsbedingungen.
Ihre Kinder	.... zur Schule gehen.

Text C: Pedro, ein Kakaobauer (Dominikanische Republik)

Ergänze den Kasten. Die Informationen findest du im Text. Die Stichwörter können dir helfen, den Text der Klasse vorzustellen.

Vorname	....
Land	....
Aufstehen	um .... Uhr
Frühstück	....
Arbeit auf der Plantage	Unkraut .... Kakaobäumchen ....
Pestizide	....
Die Kooperative	.... die Ernte und .... den Bauern
Preis	Die Kooperative garantiert einen ....

Zu Hause

86

***7** Hör dir die Fragen zum Thema „Fairer Handel" an und antworte. Écoute les questions sur le commerce équitable et réponds.*

a. ....

b. ....

c. ....

***8** Ergänze die Sätze mit dem passenden Relativpronomen. Complète les énoncés avec le pronom relatif qui convient.*

a. Die Schokolade, ... viel Kakao enthält, schmeckt sehr gut!

b. Die billige Schokolade, ... es im Supermarkt gibt, schmeckt wirklich nicht gut.

c. Das Stück Schokolade, ... hier liegt, schmeckt lecker.

d. Wie viel Geld bekommt der Bauer, ... auf der Plantage arbeitet?

***9** Bei einigen Adjektiven fehlen die Endungen. Ergänze sie! Certains adjectifs n'ont pas leur terminaison. Complète les phrases ci-dessous.*

a. Der Fair.......... Handel ist eine interessante Sache. – **b.** Die Bauern bekommen einen gerechten Lohn für ihr.......... hart.......... Arbeit. – **c.** Die billig.......... Produkte sind nicht immer fair. – **d.** Kaufst du lieber ein.......... billig.......... Tafel Schokolade oder gibst du manchmal etwas mehr Geld aus, wenn du damit den Bauern helfen kannst?

In der Schule

***10** → Buch, S. 130-131, 4a.* **Schokoladen-ABC** *Lies das Schokoladen-ABC. Du sammelst Informationen für deine Gruppe (1, 2 oder 3) und machst dir Notizen (siehe Kasten).*
b. Du arbeitest mit deiner Gruppe. Ihr vergleicht die gefundenen Informationen.
c. Deine Gruppe stellt die Ergebnisse der Arbeit vor.

Gruppe 1	Alles über den Kakao (die Frucht, die Bohne...)
Wo wächst Kakao?	1. Mittel .... 2. Süd .... 3. ....

Gruppe 1	Alles über den Kakao (die Frucht, die Bohne...)
Der Kakaobaum	.... m hoch – Blätter .... cm lang – .... bis .... Früchte.
Die Kakaobohne	.... bis .... Kakaobohnen in einer Frucht. Eine Bohne ist bis .... cm lang. Sie wiegt .... bis .... Gramm.

Gruppe 2	Die Geschichte des Kakaos und sein Weg zur Schokolade
Für dieses Volk war Kakao ein Getränk, Geld und Medizin.	die ....
Warum heißt Schokolade Schokolade?	....
Wer entdeckte zuerst den Kakao in Mittelamerika?	....
Die erste ... – Plantage – Trinkschokolade in Deutschland – Tafel	.... (Jahr) .... (Jahr) Mitte des .... Jahrhunderts

Gruppe 3	Arbeit rund um den Kakao (Ernte), soziale Aspekte und Fairer Handel
Die Ernte	Die reifen Bohnen sind ...., ..., ... (Farben) Die Kakaobohnen werden mit dem .... abgeschnitten. Die Kaffeebohnen werden fermentiert und ....
Soziale Aspekte	Die Arbeit ist ...., ... Kinderarbeit: ....
Fairer Handel	Bezahlung: .... Arbeitsmethoden: .... Kinderarbeit: .... Umwelt: ....

11 → Buch, S. 131 > **Und jetzt…** *Schreib einen Artikel für die Schülerzeitung zum Thema Schokolade. Du kannst wichtige Informationen zum Produkt nennen, aber natürlich auch über den Fairen Handel sprechen.*

- Überlege dir einen guten Titel.
- Für wen schreibst du? (Schüler? Eltern?)
- Welche Aspekte sind dir wichtig? (die Geschichte, die Pflanze, die Produkte, Fairer Handel…)

Zu Hause

12 *Kakao – eine lange Geschichte… Le cacao – une longue histoire… Wie geht der Satz in A weiter? Associe un élément de chaque colonne pour former une phrase exacte.*

	A	B	
Am Ende des 15. Jahrhunderts	•	•	wurde zum ersten Mal Schokolade in Deutschland getrunken.
1519	•	•	… wurde die Schokoladentafel erfunden.
1637	•	•	… entdeckten die Spanier Mittelamerika.
Mitte des 19. Jahrhunderts	•	•	… wurde die erste Kakaoplantage gebaut.

13 *Bilde zusammengesetzte Wörter. Das Beispiel zeigt, wie man es macht. Forme des mots composés. Suis le modèle.*

Bohne – Baum – Butter – Frucht – Plantage – Bauer

a. die Kakao**bohne** – **b.** .... Kakao............................ – **c.** .... Kakao............................ – **d.** .... Kakao............................ – **e.** .... Kakao............................ – **f.** .... Kakao............................

In der Schule

14 → Buch, S. 132-133, 5 **Der Schoko-Laden** *Lies die Einführung zum Text. Achte auf die Personen, den Ort.*

Die Personen: 1. ...., Schwester von ....

2. ....

3. ...., Tochter von ....

Der Ort: der .... von ....

Das Ereignis: Einige Kisten mit .... stehen auf ....

15 → Buch, S. 132, 6 Die Ananaskisten *Lies den ersten Teil des Textes (bis Z. 23) und notiere Stichwörter zu folgenden Themen.*

a. Tante Emma und die Lieferung:

....

b. Natascha und was sie gemacht hat:

....

c. Cornelia und ihre Reaktion:

....

16 → Buch, S. 132, 7a., b. Was wird aus dem Schoko-Laden? *Lies den Text zu Ende.*

Was hat Tante Emma vorher verkauft?

....

Was verkauft Tante Emma jetzt?

....

Wie heißt ihr Geschäft jetzt?

....

Emmas Beispiele und Argumente:

....

....

....

17 → Buch, S. 132 > Und jetzt… *Ein Journalist hat von Tante Emmas neuem Laden gehört und hat sie besucht. Schreibe den Artikel.*

Hier ein paar Tipps für den Artikel:
- die Beschreibung des Ladens,
- das Vorstellen von Tante Emma,
- Gründe, warum sie keine Schokolade mehr verkauft,
- ein paar Sätze über den Fairen Handel,
- persönliche Meinung des Journalisten.
- Vergiss nicht den Titel für deinen Artikel!

Zu Hause

***18** Hier findest du einige Sätze aus dem Text* Emmas SchokoLaden. *Suche im Text den Satz und ersetze das schräg gedruckte Wort durch das/die Wörter des Textes. Was ist anders? Ici tu trouves quelques phrases du texte, p. 133 du manuel. Recherche la phrase dans le texte et remplace le mot en italique par le/les mot(s) du texte. Qu'est-ce que cela change ?*

„Die Lieferung!", *sagte* Tante Emma.	„Die Lieferung!", ... Tante Emma.
„Ich habe schon mal alles ausgepackt", *sagte* Emma.	„Ich habe schon mal alles ausgepackt", ... Emma.
„Ein kleines Chaos?", *sagte* ihre Mutter.	„Ein kleines Chaos?", ... ihre Mutter.
„Warum haben die alle so einen komischen Sticker?", *fragte* Natascha.	„Warum haben die alle so einen komischen Sticker?", ... Natascha.
„Das ist ein spezielles Siegel", *sagte* Tante Emma.	„Das ist ein spezielles Siegel", ... Tante Emma.

SPRACHE... MIT SYSTEM

Zu Hause

GRAMMATIK

***1** Ergänze die Sätze mit dem passenden Relativpronomen. Complète les phrases avec le pronom relatif qui convient.*

a. Der Tee, ... man hier kaufen kann, ist sehr lecker.

b. Das Produkt, ... man im Fairen Handel findet, trägt ein Fairtrade-Siegel.

c. Die Kinder, ... man auf den Plantagen sieht, müssen hart arbeiten.

d. Die Schokolade, ... ich dir geschenkt habe, habe ich im Fairen Handel gekauft.

e. Den Lohn, ... der Arbeiter bekommen hat, gibt er für die Schule seiner Kinder aus.

2 ***Verändere die Sätze nach dem Modell.*** *Transforme les phrases en suivant le modèle.*

Denk nicht nur an dich. Denk auch an die anderen! → Denk nicht nur an dich, sondern denk auch an die anderen.

a. Denk nicht nur ans Sparen! Denk auch an die Bauern!

....

b. Denk nicht nur an dein Taschengeld! Denk auch an die Kinder auf den Plantagen!

....

c. Denk nicht nur an deinen Komfort! Denk an die Menschen in der Dritten Welt!

....

3 ***Ergänze die Sätze mit Hilfe der Verben in Klammern (Passiv Präsens).*** *Complète les phrases ci-dessous en utilisant le passif présent.*

a. Kakaobohnen .... von Hand .... *(ernten)*

b. In Europa .... Schokolade .... *(herstellen)*

c. Diese Schokolade .... billig .... *(verkaufen)*

AUSSPRACHE

87 **4a.** ***Hör die Wörter aus dem Text an und kreuze an, ob du ein langes oder kurzes [o] hörst.*** *Écoute les mots extraits du texte, p. 133 du manuel et coche si tu entends un o long [oː] ou court [ɔ].*

	1	2	3	4	5	6
[oː]	❑	❑	❑	❑	❑	❑
[ɔ]	❑	❑	❑	❑	❑	❑

87 **b.** ***Hör dir die Aufnahme noch einmal an und schreib die Wörter auf.*** *Réécoute l'enregistrement et écris les mots.*

....

c. ***Hör dir den Textauszug an und lies dann vor.*** *Écoute l'extrait puis lis-le à voix haute. Mets le ton !*

88 „Die Hersteller von allen Waren, die wir hier verkaufen, bekommen einen gerechten Lohn, so dass sie ihre Familie ernähren und ihre Kinder die Schule besuchen können. Egal ob Früchte, Süßigkeiten oder Kleider – bei uns gibt es nur fair gehandelte Produkte!"

Aus: Stephan Sigg, *Emmas Schoko-Laden*

Einheit 4 Etappe 12

In der Schule

1 → ***Buch, S. 137,*** **1a. Wer oder was ist ein Held?** *Die Frage wurde in einem Internetforum gestellt. Und dazu gibt es viele Meinungen. Lies die Beiträge und notiere:*

Die „Helden", die genannt werden	....
Die Eigenschaften von „Helden"	....

Zu Hause

2 *Was ist positiv, was ist negativ? Kreuze an. Coche si les expressions sont positives ou négatives.*

	☺	☹
Fehler machen	❑	❑
die Erde retten	❑	❑
immer weiter machen	❑	❑
Pech haben	❑	❑
Gefahrensituationen meistern	❑	❑
außerordentliche Dinge tun	❑	❑
nur an sich selbst denken	❑	❑

3 *Ergänze mit dem passenden Nomen oder Adjektiv und übersetze die Adjektive. Complète avec le nom ou l'adjectif qui conviennent puis traduis les adjectifs.*

Nomen	Adjektiv	Übersetzung
der Mut		
	klug	
	treu	
die Ehrlichkeit		
die Gerechtigkeit		
	bescheiden	modeste
	stark	

In der Schule

Es sprechen:
1. Sophie
2. Luana
3. Sophie
4. Luana
5. Sophie
6. Melanie
7., 8. Anna
9. Melanie

89

4 → Buch, S. 138, 2a. „Wer ist für dich ein Held?" *Die Schüler aus München diskutieren über das Thema Helden. Hör zu und achte auf folgende Punkte:*

	die Eigenschaften eines Helden	sein Handeln	die Helden, die genannt werden
 Sophie			
 Luana			
 Melanie			
 Anna			

5 → Buch, S. 138, 3a. Siegfried for ever! *Eine Jugendzeitschrift hat die Lebensgeschichte Siegfrieds, des Helden der Nibelungengeschichte, „recherchiert". Lies den Text und mach dir zwei Listen zu seinen Taten und Eigenschaften.*

Liste A: Was zu einem Helden passt.	Liste B: Was gar nicht zu einem Helden passt.
....	....
....	....
....	....
....	....
....	....
....	....
....	....

Zu Hause

***6** Wie heißen sie? Assoziiere die Personen oder Dinge und ihre Namen. Qui est qui ? Associe personnages ou objets et noms. Attention, il y a un piège !*

ein König •	• Balmung
der Zwerg •	• Alberich
das Zauberschwert •	• Nibelung
die Tarnkappe •	• Schilbung
der Schmied •	• Herr Mime

***7** Hör die Aufnahme und antworte auf die Fragen. Écoute l'enregistrement et réponds aux questions.*

90

1. ....

2. ....

3. ....

4. ....

5. ....

6. ....

***8** Schreibe das Gegenteil. Écris le contraire de chaque adjectif.*

hart ≠ .... aggressiv ≠ .... mutig ≠ ....

groß ≠ .... verwundbar ≠ ....

stark ≠ .... unsichtbar ≠ ....

***9** Ergänze mit dem passenden Wort und der richtigen Endung. Complète avec le nom qui convient et ajoute le cas échéant une terminaison.*

Herr Mime – Held – Drache – Schatz – König – Zwerg

a. Der tapfere .... Siegfried wurde in Xanten geboren. – **b.** Er badete im Blut des .... – **c.** Die zwei .... wollten den .... der Nibelungen teilen. – **d.** Am Anfang gehörte die Tarnkappe dem .... – **e.** Siegfried hat das Werkzeug von .... kaputt gemacht.

***10** Ergänze mit der passenden Verbform. Complète avec la forme verbale qui convient.*

a. Siegfried .... bei einem Schmied in die Lehre. ging – gingen – gingt

b. Der Zwerg .... ihm eine Lektion erteilen. wolltet – wollten – wollte

c. Herr Mime .... ihn wegschicken. musstest – musste – mussten

d. Siegfried .... nicht mehr verletzt werden. konntet – konntest – konnte

In der Schule

***11** → Buch, S. 140, 4a.* **Das Nibelungenlied: Liebe, Leidenschaft, Intrigen…** *Jedes Team bekommt den Auftrag für eine der fünf Folgen der Nibelungen-Saga. Partner A liest die Geschichte, Partner B den Info-Kasten. Informiert euch dann gegenseitig.*

DIE GESCHICHTE **FOLGE 1**

....

....

....

....

Info

....

....

....

....

DIE GESCHICHTE **FOLGE 2**

Info

DIE GESCHICHTE **FOLGE 3**

Info

DIE GESCHICHTE **FOLGE 4**

Info

DIE GESCHICHTE **FOLGE 5**

Info

12 → Buch, S. 140, 4b. Das Nibelungenlied: Liebe, Leidenschaft, Intrigen… *Die fünf Folgen der Saga werden mit den Hintergrundinformationen vorgestellt. Notiert die Adjektive, die die fünf Hauptpersonen der Saga für euch charakterisieren.*

Siegfried: ……………………………………………………………………

Kriemhild: ……………………………………………………………………

Gunther: ……………………………………………………………………

Brunhild: ……………………………………………………………………

Hagen: ……………………………………………………………………

91

13 → Buch, S. 140, 4d. Das Nibelungenlied: Liebe, Leidenschaft, Intrigen… *Hör dir das Interview mit der Fernsehproduzentin, Frau Fichtinger, an. Was sagt sie über die Nibelungen?*

Themen	
Personen	

Zu Hause

14 *Welche Wörter passen nicht zu den anderen? Streiche durch. Barre les intrus.*

Hochzeit: Liebe – Glück – heiraten – Tarnkappe – Ring – Heiratskandidat
Tod: sterben – tot – Schwächling – Witwe – todtraurig
Gefühle: Rache – Loyalität – Liebe – Stärke

15 *Welche Wörter kann man mit „wund-" bilden? Schreib sie auf und übersetze sie wie im Beispiel. À partir du lexème « wund- » (die Wunde = la blessure), retrouve les différents termes qui existent et traduis-les.*

un- / -bar / ver- / Ver- / -keit / -et

wund-

Ver*wund*barkeit
vulnérabilité

16 Schreibtraining Fasse die Nibelungensaga zusammen. *Résume la saga des Nibelungen.*

In der Schule

17 **→ *Buch, S. 142,* 5a. Aus dem Programmheft** *Lies den Auszug aus dem Programmheft zu einem Theaterstück und suche nach Informationen zu folgenden Punkten:*

Thema	
Stil	
Publikum	

18 **→ *Buch, S. 142,* 5b. Aus dem Programmheft** *Sieh dir die Namen der Personen an, die im Theaterstück mitspielen. Welche kennst du schon?*

19 → Buch, S. 140, 6a. Kontaktaufnahme in Worms… *Lies den ersten Teil des Stücks (bis Zeile 16). Jede Person weiß etwas über Siegfried. Notiere dir Stichwörter.*

Hagen	Kriemhild	Ute	Gunther
....	....	....	....
....	....	....	....
....	....	....	....
....	....	....	....

20 → Buch, S. 140, 6b. Kontaktaufnahme in Worms… *Im Text gibt es Wiederholungen (Satz/Wörter). Notiere sie:*

....

....

....

Wozu gibt es diese Wiederholungen? Welche dieser drei Hypothesen ist für dich plausibel? Kreuz an.

❑ **a.** So kann man die Geschichte besser verstehen.
❑ **b.** Das macht die Geschichte amüsanter.
❑ **c.** Der Autor hat sich geirrt.

21 → Buch, S. 142, 7 Siegfried erzählt *Lies den zweiten Teil des Textes (Z. 17-Ende). Welche Textstelle passt zu den Bildern?*

①

Zeilen ....

②

Zeilen ....

③

Zeilen ....

④

Zeilen ....

⑤

Zeilen ....

92

22 → Buch, S. 142, 8 Jeder spielt eine Rolle… *Hör dir den Auszug aus dem Theaterstück an. Achte auf die Satzmelodie und die Betonung. Mach dir Notizen und sprich nach! Bildet Gruppen und verteilt die sechs Rollen in der Gruppe. Schreib die Sätze, die deiner Rolle entsprechen. Notiere Folgendes:*

Satzmelodie: ....

Betonte Wörter: ....

Zu Hause

23 *Wer ist wie? Bilde Sätze und erkläre deine Antwort. Qui est comment ? Forme des phrases et explique ta réponse.*

Siegfried – Kriemhild – Gunther – Brunhild – Hagen – Schilbung und Nibelung – Alberich – Herr Mime

aggressiv – stark – bescheiden – ehrlich – mutig – gerecht – hilfsbereit – treu – loyal – verwundbar – unverwundbar – dumm – klug – listig – unsichtbar – stolz – todtraurig

....

....

....

....

....

***24 Schreibtraining** Kennst du andere Helden und Heldinnen? Was weißt du über sie? Connais-tu d'autres héros ou héroïnes ? Que sais-tu d'eux ?*

SPRACHE… MIT SYSTEM

Zu Hause

GRAMMATIK

1 *Ergänze mit dem passenden Wort und der richtigen Endung. Complète avec le mot qui convient et ajoute la terminaison.*

Mensch – Herr – Däne – Drache – Held – Sklave

a. Ein Vasall steht im Dienst eines .... – **b.** Es soll Krieg gegen .... und Sachsen geben. – **c.** Viele .... glauben, dass der Schatz der Nibelungen heute noch im Rhein ist. – **d.** Kriemhild ist stolz auf ihren starken .... – **e.** Humboldt interessierte sich für das Leben der .... – **f.** Siegfried soll einen .... getötet haben.

2 *Bilde aus jedem Adjektiv ein Substantiv und ergänze die Sätze. Forme des adjectifs substantivés et complète les phrases.*

mächtig – arm – reich

Robin Hood kämpfte gegen die .... Er stahl von den .... und gab den ....

3 *Übersetze folgende Adjektive ins Französische. Traduis les adjectifs suivants en français.*

a. unmöglich: ....

b. unklug: ....

c. unhöflich: ....

d. unmenschlich: ....

e. unsterblich: ....

4 *Was weißt du über diese Helden? Bilde Sätze mit folgenden Elementen und mit dem Modalverb* sollen. *Que sais-tu sur ces héros ? Forme des phrases avec les éléments suivants et le verbe de modalité* sollen.

Superman	gegen die Ungerechtigkeit kämpfen
Penelope	treu sein
Robin Hood	die Erde retten
Zorro	den Armen helfen

....

....

....

....

AUSSPRACHE

93

5a. *Hör dir die Wörter an und kreuze an, ob du* [g] *oder* [k] *hörst. Écoute les mots extraits du texte, p. 143 du manuel, et coche si tu entends le son* [g] *ou* [k].

	1	2	3	4	5	6	7
[g]	❑	❑	❑	❑	❑	❑	❑
[k]	❑	❑	❑	❑	❑	❑	❑

94

b. *Hör dir den Textauszug an und lies dann vor. Écoute l'extrait puis lis-le à voix haute. Mets le ton !*

So war ich der Erbe des ganzen Nibelungenschatzes. Nun wollte ich in die Höhle gehen, aber ich staunte, weil ich den Eingang nicht mehr fand. Ein Berg, so schien es, war plötzlich aus dem Schoß der Erde hervorgestiegen. Ich stach hinein, um mir den Weg zu bahnen.

Aus: Rüdiger Pape, Catharina Fillers, *Die Nibelungen*

Grammatik-Übersicht | Précis grammatical

Le groupe nominal

1. Les fonctions du groupe nominal

Un groupe nominal (GN) peut avoir différentes fonctions dans une phrase. Pour exprimer ces différentes fonctions, l'allemand utilise quatre « cas » :

- Le nominatif est le cas du sujet et de l'attribut du sujet.
- L'accusatif (qui se rapproche en français du COD) est exigé par un grand nombre de verbes ***(machen, sehen, fragen)*** ou de prépositions (toujours avec ***für, gegen…*** lors d'un directif avec ***in, auf…***).
- Le datif (qui se rapproche en français du COI/COS) est exigé avec certains verbes comme ***helfen, danken*** et après certaines prépositions (toujours avec ***mit, zu, nach…,*** lors d'un locatif avec ***in, auf…***).
- Le génitif est le cas du complément du nom et permet d'exprimer l'appartenance.

2. Le nom

a. Le genre

Un nom peut être masculin, féminin ou neutre.
C'est le déterminant qui porte la marque du genre et du nombre :

le masculin	de**r** Mann
le neutre	da**s** Kind
le féminin	di**e** Frau

→ Il faut apprendre systématiquement un nom avec son déterminant pour éviter des erreurs.

Il existe deux catégories de noms masculins, les forts et les faibles. Les masculins forts se caractérisent par la présence d'un -s/es au génitif singulier. Les masculins faibles se terminent par -n/en à tous les cas, sauf au nominatif singulier. On ne peut savoir d'emblée si un masculin est fort ou faible au nominatif, il est donc nécessaire de bien les mémoriser.

	masculin	
	fort	faible
nominatif	de**r** Mann	de**r** Held
accusatif	de**n** Mann	de**n** Held**en**
datif	de**m** Mann	de**m** Held**en**
génitif	de**s** Mann**es**	de**s** Held**en**

b. Le nombre

Au pluriel défini, le déterminant est le même pour les trois genres. Le nom porte souvent une marque, par exemple ***er, -e, -en*** et/ou prend un Umlaut *(a → **ä**, u → **ü**…).*

die M**ä**nn**er** – **die** Kind**er** – **die** Frau**en**

c. Les noms composés

Les noms composés sont très courants en allemand. C'est le dernier mot qui détermine le genre et le nombre du nom entier, le ou les mots qui précèdent apportent une précision.

der Familien**name**	le nom de famille
das Jugend**haus**	la maison des jeunes
das Schul**buch**	le manuel scolaire
die Telefon**nummer**	le numéro de téléphone

3. Les déterminants

Un déterminant s'accorde avec le nom qu'il accompagne : il change de marque selon le genre et le nombre de ce nom, et aussi selon le cas, c'est-à-dire selon la fonction de ce nom dans la phrase, on dit qu'il se « décline ».

Le déterminant peut être :

a. l'article défini : der, das, die – die

	masculin	neutre	féminin	pluriel
nominatif	de**r** Mann	da**s** Kind	di**e** Frau	di**e** Männer
accusatif	de**n** Mann	da**s** Kind	di**e** Frau	di**e** Männer
datif	de**m** Mann	de**m** Kind	de**r** Frau	de**n** Männer**n**
génitif	de**s** Mann**es**	de**s** Kind**es**	de**r** Frau	de**r** Männer

b. l'article indéfini : ein, ein, eine – Ø

	masculin	neutre	féminin	pluriel
nominatif	ein Mann	ein Kind	ein**e** Frau	Männer
accusatif	eine**n** Mann	ein Kind	ein**e** Frau	Männer
datif	eine**m** Mann	eine**m** Kind	eine**r** Frau	Männer**n**
génitif	ein**es** Mann**es**	ein**es** Kind**es**	eine**r** Frau	Männer

c. l'adjectif possessif : mein-, dein-, sein-, ihr-

Pronom	Adjectif possessif
ich →	mein-
du →	dein-
er/es →	sein-
sie →	ihr-

Pronom	Adjectif possessif
wir →	unser-
ihr →	euer-/eur-
sie →	ihr-
Sie →	ihr-

Les adjectifs possessifs se déclinent au singulier comme l'article indéfini ***ein-***. Ils permettent d'indiquer l'appartenance.

	masculin	neutre	féminin	pluriel
nominatif	mein Lehrer	mein Haus	mein**e** Schwester	mein**e** Bücher
accusatif	mein**en** Lehrer	mein Haus	mein**e** Schwester	mein**e** Bücher
datif	mein**em** Lehrer	mein**em** Haus	mein**er** Schwester	mein**en** Bücher**n**
génitif	mein**es** Lehrer**s**	mein**es** Haus**es**	mein**er** Schwester	mein**er** Bücher

„Ich habe einen Bruder und eine Schwester, **mein** Bruder heißt Tom und **meine** Schwester Lea."
„Leon, wie heißt **deine** Schwester?"

→ **À la 3e personne du singulier, il existe deux adjectifs possessifs : *sein- et ihr-*.**

sein- fait référence à un possesseur masculin ou neutre, ***ihr-*** à un possesseur féminin.

Alexander hat zwei Geschwister. **Sein** Bruder heißt Leon und **seine** Schwester Sibylle.
Sandra hat zwei Geschwister: **Ihr** Bruder heißt Leo, **ihre** Schwester heißt Anja.

Tu peux comparer avec l'anglais : **his** brother / **her** cat.

→ **L'appartenance peut s'exprimer encore de deux autres façons :**

– avec la préposition ***von*** : Der Bruder **von** Alexander heißt Leon.
Leonie ist die Freundin **von** Hannes.

– avec le génitif saxon (marque **-s** ou simple apostrophe pour les noms déjà terminés par un **-*s***) : Alexander**s** Bruder heißt Leon.
Leonie ist Hannes**'** Freundin.

4. Les pronoms personnels : on peut remplacer les noms par des pronoms, par exemple pour éviter des répétitions lorsque le contexte est connu.

	Singulier					Pluriel			Forme de politesse
	1re pers.	2e pers.	3e pers. masculin	3e pers. neutre	3e pers. féminin	1re pers.	2e pers.	3e pers.	
nominatif	ich	du	er	es	sie	wir	ihr	sie	Sie
accusatif	mich	dich	ihn	es	sie	uns	euch	sie	Sie
datif	mir	dir	ihm	ihm	ihr	uns	euch	ihnen	Ihnen

Ich habe **einen Hamster**. **Er** heißt Lotti. Ich habe **ihn** gern.

Ich habe **ein Pferd**. **Es** heißt Prinz Paro. Ich liebe **es**.

Ich habe **eine Katze, Lola**. **Sie** ist 2 Jahre alt. Ich finde **sie** lieb.

Wir haben zwei **Kaninchen**. **Sie** heißen Chip und Chap. Ich finde **sie** sehr schön.

5. Les pronoms réfléchis à l'accusatif

Les formes des pronoms réfléchis sont identiques à celles des pronoms personnels à l'accusatif, sauf pour la 3e personne (singulier et pluriel). Un certain nombre de verbes qui sont pronominaux en français le sont aussi en allemand. Il convient cependant de le vérifier dans un dictionnaire le cas échéant.

Ich muss **mich** konzentrieren.

	1re personne		2e personne		3e personne	
	SING.	PLUR.	SING.	PLUR.	SING.	PLUR.
accusatif	mich	uns	dich	euch	sich	sich

6. Les adjectifs : qualifier un groupe nominal

a. L'adjectif attribut est toujours invariable.

Mein Vater ist **nett**. Meine Eltern sind **nett**.

b. L'adjectif épithète est toujours placé avant le nom qu'il qualifie. Il porte la marque en cas d'absence de déterminant ou lorsque celui-ci ne peut recevoir la marque. Dans les autres cas, il porte la désinence **e** ou **en**.

Der klein**e** Hund? Das ist Svens Hund!
Ein braun**er** Hund? Das ist Marias Hund!

Ich mag de**n** rot**en** Teppich.
Er hat eine**n** rot**en** Teppich.

	masculin	neutre	féminin	pluriel
nominatif	de**r** klein**e** Hund ein klein**er** Hund	da**s** klein**e** Tier ein klein**es** Tier	di**e** grau**e** Katze ein**e** grau**e** Katze	di**e** klein**en** Hunde klein**e** Hunde
accusatif	de**n** klein**en** Hund eine**n** klein**en** Hund	da**s** klein**e** Tier ein klein**es** Tier	di**e** grau**e** Katze ein**e** grau**e** Katze	di**e** klein**en** Hunde klein**e** Hunde

c. Le comparatif

Il se forme en ajoutant ***-er*** à l'adjectif. Les adjectifs monosyllabiques en *-a, -o,* et *-u* prennent en plus un *Umlaut* lorsqu'ils sont réguliers. Les comparatifs irréguliers sont à mémoriser. Le complément du comparatif est introduit par ***als***.

Für sie ist es **leichter**.
Es ist einfach **kürzer als** Hochdeutsch!
Sie sind in der Schule **besser als** einsprachige Kinder

d. Le superlatif

Pour former le superlatif, on ajoute ***-st-*** à l'adjectif. Les adjectifs monosyllabiques voient leur voyelle modifiée par l'ajout du *Umlaut* : *a* → ***ä***, *o* → ***ö***, *u* → ***ü***. En tant que membre du groupe nominal, l'adjectif au superlatif suit la déclinaison de l'adjectif épithète.

forme de base	comparatif de supériorité	superlatif
schön	schön**er**	d… schön**st**-/am schön**sten**
alt lang groß hoch	**älter** läng**er** größ**er** **höher**	d… **ältest**-/am **ältesten** d… läng**st**-/am läng**sten** d… größ**t**-/am größ**ten** d… **höch**st-/am **höchsten**
gern gut viel	**lieber** **besser** **mehr**	am lieb**sten** d… **best**-/am **besten** am meisten

e. Les adjectifs substantivés

Les adjectifs peuvent se transformer en noms. On parle alors d'adjectifs substantivés. Ils prennent une majuscule et se déclinent comme des adjectifs. Ces adjectifs substantivés sont très fréquents dans la langue courante, par exemple : *der Deutsche/ein Deutscher, der Jugendliche/ein Jugendlicher, der Bekannte/ein Bekannter.*

Le groupe verbal

1. Les différents types de verbes au présent de l'indicatif

a. Le verbe sein et le verbe haben

„Wie alt **bist** du?" „Ich **bin** 12."
„Was für ein Tier **hast** du?" „Ich **habe** eine Katze."

	sein	haben
ich	bin	hab**e**
du	bist	ha**st**
er, es, sie	ist	ha**t**

	sein	haben
wir	sind	hab**en**
ihr	seid	hab**t**
sie/Sie	sind	hab**en**

b. Les verbes faibles

	wohnen
ich	wohn**e**
du	wohn**st**
er, es, sie	wohn**t**
wir	wohn**en**
ihr	wohn**t**
sie/Sie	wohn**en**

c. Les verbes forts avec changement de voyelle

	fahren	helfen	lesen
ich	fahr**e**	helf**e**	les**e**
du	f**ä**hr**st**	h**i**lf**st**	l**ie**s**t**
er, es, sie	f**ä**hr**t**	h**i**lf**t**	l**ie**s**t**
wir	fahr**en**	helf**en**	les**en**
ihr	fahr**t**	helf**t**	les**t**
sie/Sie	fahr**en**	helf**en**	les**en**

marques
e
st
t
en
t
en

d. Les verbes à préverbe séparable

Certains verbes sont formés d'une base verbale et d'un préverbe séparable. Le préverbe est toujours accentué. Le préverbe séparable modifie le sens du verbe de base.

> **auf**stehen → Ich stehe um 7 Uhr **auf**. / Ich bin **auf**gestanden.
> **fern**sehen → Er sieht **fern**. / Er hat **fern**gesehen.

e. Les verbes à préverbe inséparable

Certains verbes ont un préverbe inséparable. Le préverbe n'est jamais accentué et reste toujours attaché au verbe de base. Le participe II se forme sans l'augment **ge-**. Le préverbe inséparable modifie ou change le sens du verbe de base.

> bekommen → Wer bekommt den ersten Preis? / Ich habe den ersten Preis bekommen.

Les préverbes inséparables : *be-, emp-, ent-, er-, ge-, miss-, ver-, zer-.*

f. Les verbes de modalité

Dire… ce que l'on aime avec le verbe ***mögen***.
ce que l'on veut faire avec le verbe ***wollen***.
ce que l'on est obligé de faire avec le verbe ***müssen***.
ce que l'on nous demande de faire ou ce que l'on a entendu dire avec le verbe ***sollen***.
ce que l'on peut faire ou que l'on est capable de faire avec le verbe ***können***.
ce que l'on a le droit de faire avec le verbe ***dürfen***.

	mögen	**wollen**	**müssen**	**sollen**	**können**	**dürfen**
ich	mag	will	muss	soll	kann	darf
du	mag**st**	will**st**	muss**t**	soll**st**	kann**st**	darf**st**
er, es, sie	mag	will	muss	soll	kann	darf
wir	mög**en**	woll**en**	müss**en**	soll**en**	könn**en**	dürf**en**
ihr	mög**t**	woll**t**	müss**t**	soll**t**	könn**t**	dürf**t**
sie/Sie	mög**en**	woll**en**	müss**en**	soll**en**	könn**en**	dürf**en**

marques
–
st
–
en
t
en

> Ich **mag** Tennis. Ich **kann** schon gut spielen.
> Ich **will** morgen mit David spielen. Ich **muss** um 4 Uhr bei ihm sein.
> Mein Trainer sagt, ich **soll** am Freitag zum Training kommen.
> Ich **darf** im Sommer zum Trainingscamp. Das ist toll.

2. Le parfait et le prétérit : raconter un événement passé

a. Le parfait

Le parfait est un temps composé. Il se forme avec l'auxiliaire ***haben*** ou l'auxiliaire ***sein*** conjugué au présent et le participe II du verbe qui correspond en français au participe passé.

> Ich **bin** ins Kino **gegangen**.
> Wir **haben** eine Radtour **gemacht**.

- **Le choix de l'auxiliaire**

On utilise l'auxiliaire ***sein*** avec :

– sein, werden et bleiben :

Wir **sind** drei Wochen in England **gewesen**.
Sie **ist** 14 **geworden**.
Er **ist** zwei Wochen in Spanien **geblieben.**

– les verbes intransitifs exprimant un changement de lieu, d'état ou de position :

Wir **sind** nach Dresden **gefahren**.
Ich **bin** spät **eingeschlafen**.
Er **ist** um 7 Uhr **aufgestanden**.

On utilise l'auxiliaire ***haben*** avec tous les autres verbes.

Wir **haben** Eis **gegessen**.

- **La formation du participe II**

1. Le participe II des verbes faibles se termine toujours par ***-t***.

ge + radical + **-t**

Wir haben einen Ausflug **ge**mach**t**.

2. Le participe II des verbes forts se termine toujours par ***-en***.

ge + radical parfois modifié + **-en**

Frau Buschmann hat uns **ge holf en**.

3. Les verbes non accentués sur la première syllabe ne prennent pas ***-ge***.

radical parfois modifié + **-t** ou **-en**

Wir haben ein Museum besichtig**t**.

b. Le prétérit

Le prétérit est un temps simple. Il est utilisé à l'oral pour les auxiliaires et les verbes de modalité. Autrement, le prétérit appartient la plupart du temps au registre de l'écrit.

Sie **war** neugierig auf diesen Daniel.
Die Dinosaurier **lebten** vor vielen Millionen Jahren.

	auxiliaires de temps			verbe faible	verbe fort
	sein	**haben**	**werden**	**leben**	**fahren**
ich	war	hat**te**	w**u**r**de**	leb**te**	f**u**hr
du	war**st**	hat**test**	w**u**r**dest**	leb**test**	f**u**hr**st**
er, es, sie	war	hat**te**	w**u**r**de**	leb**te**	f**u**hr
wir	war**en**	hat**ten**	w**u**r**den**	leb**ten**	f**u**hr**en**
ihr	war**t**	hat**tet**	w**u**r**det**	leb**tet**	f**u**hr**t**
sie/Sie	war**en**	hat**ten**	w**u**r**den**	leb**ten**	f**u**hr**en**

c. Le prétérit des verbes de modalité

	mögen	wollen	müssen	sollen	können	dürfen
ich	mochte	wollte	musste	sollte	konnte	durfte
du	mochtest	wolltest	musstest	solltest	konntest	durftest
er, es, sie	mochte	wollte	musste	sollte	konnte	durfte
wir	mochten	wollten	mussten	sollten	konnten	durften
ihr	mochtet	wolltet	musstet	solltet	konntet	durftet
sie/Sie	mochten	wollten	mussten	sollten	konnten	durften

marques
te
test
te
ten
tet
ten

3. Le futur

Le futur en allemand est un temps composé. L'auxiliaire du futur est le verbe **werden** qui a comme complément un **infinitif**. Il est cependant fréquent d'exprimer le futur par un complément circonstanciel de temps tout en utilisant le présent de l'indicatif.

Ich **werde** in Wien **arbeiten**.
Nächste Woche fahre ich an die Ostsee.

ich	werde	… in Berlin wohnen
du	wirst	
er, es, sie	wird	
wir	werden	
ihr	werdet	
sie/Sie	werden	

4. Le subjonctif II présent

Le subjonctif II est un mode. Au présent, il permet d'exprimer :
– ce que l'on aimerait faire : Ich **möchte** ins Kino gehen. → *J'aimerais aller au cinéma.*
– ce que l'on aimerait être : Ich **wäre** gerne selbstbewusst.
– une hypothèse qui relève de l'irréel : Wenn ich ein Tier **wäre**, **wäre** ich gerne eine Schildkröte.

	auxiliaires de temps		verbe faible	verbe fort
	sein	**haben**	**leben**	**fahren**
ich	wäre	hätte	würde … leben	führe
du	wärest	hättest	würdest … leben	führest
er, es, sie	wäre	hätte	würde … leben	führe
wir	wären	hätten	würden … leben	führen
ihr	wäret	hättet	würdet … leben	führet
sie/Sie	wären	hätten	würden … leben	führen

Le subjonctif II présent des verbes de modalité

	mögen	**wollen**	**müssen**	**sollen**	**können**	**dürfen**
ich	möch**te**	woll**te**	müss**te**	soll**te**	könn**te**	dürf**te**
du	möch**test**	woll**test**	müss**test**	soll**test**	könn**test**	dürf**test**
er, es, sie	möch**te**	woll**te**	müss**te**	soll**te**	könn**te**	dürf**te**
wir	möch**ten**	woll**ten**	müss**ten**	soll**ten**	könn**ten**	dürf**ten**
ihr	möch**tet**	woll**tet**	müss**tet**	soll**tet**	könn**tet**	dürf**tet**
sie/Sie	möch**ten**	woll**ten**	müss**ten**	soll**ten**	könn**ten**	dürf**ten**

marques
te
test
te
ten
tet
ten

5. Le passif présent et prétérit

Le passif est plus fréquent en allemand qu'en français. Il permet de centrer sur l'action plutôt que sur l'acteur. Le passif n'est possible qu'avec des verbes transitifs (verbes suivis directement d'un complément à l'accusatif). Il se forme avec l'auxiliaire *werden* et le participe II. (L'auxiliaire *werden* détermine le temps du passif.)
passif présent : *Die Kakaobohne* ***wird fermentiert*** *und* ***getrocknet****.*
passif prétérit : *Der Limes* ***wurde*** *im 1. Jahrhundert nach Jesus Christus* ***gebaut****.*

6. Les différents types de phrase

a. Les déclaratives : Le verbe conjugué occupe toujours la 2e place.

Ich	**habe**	um 9	Mathe.
sujet	verbe conjugué	complément	complément

Pour mettre un élément en relief, on le place en tête de phrase. Il ne peut y avoir qu'un seul élément (même composé de plusieurs mots) à cette place. La première place étant occupée, le verbe conjugué étant obligatoirement en 2e place, le sujet se place alors après le verbe.

Um 9	**habe**	ich	Mathe.
complément	verbe conjugué	sujet	complément

b. Les interrogatives : Le verbe occupe la première ou la deuxième place.

Il existe deux types d'interrogatives :

- Dans l'interrogative **partielle**, la question porte sur une **partie** de l'énoncé. Elle est introduite par un pronom interrogatif.

Wer **ist** das?
Wie **heißt** du?
Wie alt **bist** du?
Wo **wohnst** du?
Wann **kommt** er?

→ Le verbe occupe la 2e place.

- Dans l'interrogative **globale**, la question porte sur l'énoncé **entier**. On y répond par Ja ou Nein.

Hast du Geschwister?
Wohnt sie auch in Göttingen?

→ Le verbe occupe la 1re place.

c. Les subordonnées : le verbe conjugué occupe la dernière place.

- **La subordonnée** est toujours séparée de la principale par une virgule.

Conjonctions	Traduction	Exemples
weil	parce que	Ich finde, **dass** Umweltschutz wichtig ist.
dass	que	Ich bin traurig, **weil** Papa in Wien wohnt.
ob	si (interrogative indirecte)	Sie weiß nicht, **ob** Alex kommt.
wenn	quand, si	Ich mag nicht, **wenn** jemand lügt.
während	alors que	**Während** sie zu ihren Eltern zurückkehren, hat sie nur ihre drei Geschwister, die für sie so sorgen.
als	quand, lorsque (événement unique dans le passé)	Er hat dieses Bild gemalt, **als** er 32 Jahre alt war.

- La subordonnée relative permet d'apporter une précision sur un élément de la phrase principale. Le pronom relatif s'accorde en nombre et en genre avec son antécédent. Dans l'exemple ci-dessous, le pronom relatif est le sujet du verbe de la subordonnée.

Ich lese einen Roman, **der** in Paris spielt.

	masculin	neutre	féminin	pluriel
nominatif	der	das	die	die
accusatif	den	das	die	die

d. Les injonctives : le verbe occupe la première place.

- Impératif 2e personne du singulier : Komm!

→ Attention : les verbes forts en **-e-** prennent **i** ou **ie** à la 2e personne du singulier.

Gib mir deine Adresse!
Sieh gut zu!

mais les verbes forts en ***-a-*** ne modifient pas leur voyelle :

Schl***a***f gut!

- Impératif 2e personne du pluriel : Kommt!
Schlaft gut!
Gebt mir eure Adresse!

e. La proposition infinitive avec zu

- Elle fonctionne comme complément du groupe verbal. En général, elle est séparée de la principale par une virgule. Le ***zu*** se place juste avant le verbe à l'infinitif, celui-ci occupant la place finale.

  Mir macht es auch Spaß, in der Schule Englisch und Französisch **zu lernen**.

f. La proposition infinitive de but avec um … zu …

- Elle permet d'indiquer dans quel but on agit. La proposition infinitive de but est introduite par ***um*** et séparée de la principale par une virgule ; ***zu*** se place avant le verbe à l'infinitif.

  Seit Monaten arbeiten Schüler in der „Lupila-AG", **um** Geld für eine Solaranlage **zu sammeln**.
  Was braucht man, **um** Tutor **zu werden**?

7. La coordination

Les conjonctions de coordination permettent de relier deux éléments. Elles n'ont aucune incidence sur la place des éléments.

a. La conjonction de coordination ***und*** permet de relier deux idées :

Am Montagnachmittag habe ich Fußball, **und** am Abend habe ich Klavier.

b. La conjonction de coordination ***aber*** exprime une opposition par rapport à ce qui a été dit :

Er möchte zum Eishockey, **aber** er kann nicht.

c. La conjonction de coordination ***denn*** établit un lien de cause :

Meine Großeltern haben viel Zeit für mich, **denn** sie sind Rentner.

d. La conjonction de coordination ***oder*** permet d'exprimer une alternative :

Wir gehen zum Skatepark **oder** wir spielen Fußball.

8. La négation : dire ce que l'on n'a pas ou ce que l'on n'aime pas.

a. La négation avec le déterminant kein

Elle sert à nier un groupe nominal.
Le déterminant ***kein-*** se place avant le nom et s'accorde selon le genre, le nombre et le cas du nom qu'il accompagne.

Ich habe **kein** Haustier.
Ich habe **keine** Geschwister.

Le déterminant ***kein*** se décline comme ***ein***, mais il a aussi une forme de pluriel.

	masculin	neutre	féminin	pluriel
nominatif	kein Hund	kein Haustier	kein**e** Katze	kein**e** Hunde
accusatif	kein**en** Hund	kein Haustier	kein**e** Katze	kein**e** Hunde

b. La négation avec nicht

Elle sert à nier un groupe verbal.

Cette négation se place	
– avant un groupe prépositionnel :	Sie geht **nicht** zum Training.
– avant un adjectif attribut ou un adverbe :	Er schläft **nicht** gut.
– après un groupe nominal défini :	Er mag diese Rockgruppe **nicht**.

c. La négation nicht nur…, sondern auch…

Elle permet d'évoquer deux aspects d'une réalité. ***Sondern*** se traduit en français par « mais », comme la conjonction de coordination ***aber***. Cependant, ***sondern*** est utilisé en allemand après une négation (***nicht***, ***nicht nur***, ***kein-***).

Le groupe prépositionnel

1. Dire où l'on est

On utilise le locatif.

a. avec un nom de pays ou de ville sans article : ***in***

Ich wohne **in** Frankfurt.
Er lebt **in** Österreich.

b. avec un nom de pays ou un nom commun avec article :
préposition + datif

masculin + neutre	féminin
in … m	**in … r**
in dem/im	

Wir feiern **im** Garten.
Ich wohne **in** eine**m** Haus.
Wir wohnen **in** de**r** Schweiz.

Das erste Automobil fährt zum ersten Mal **auf der Straße**.

c. avec un nom de personne : ***bei*** + datif

masculin + neutre	féminin	pluriel
bei … m	**bei … r**	**bei … n** … n
bei dem … / beim		

Am Mittwoch bin ich **bei** meine**r** Oma.
Er ist **bei** seinen Großeltern.

d. Une tournure idiomatique : **zu Hause**

Ich bin schon **zu Hause**.

2. Dire où l'on va

On utilise le directif.

Le directif indique un changement de lieu. Souvent, le mouvement est indiqué par le verbe, le directif double alors l'information ou apporte une précision supplémentaire : mouvement vers un lieu et non pas à l'intérieur du lieu. Il permet également, notamment à l'oral, de se passer du verbe tout en insistant sur le déplacement : *Ich: … ins Bad, in die Küche!* = *Ich gehe ins Bad.*

a. avec un nom de pays ou de ville sans article : **nach**

Wir fahren **nach** Dresden.
Wir sind **nach** Ägypten gefahren.
Ich gehe **nach** Hause.

b. avec une personne, un lieu : ***zu*** + datif

Ich gehe **zu** meiner Freundin.
Ich gehe **zum** Bäcker.
Ich gehe **zur** Post.

masculin + neutre	féminin	pluriel
zu … **m**	**zu** … **r**	**zu** … **n** … n
zu dem / zum	**zu der / zur**	

c. avec un nom de pays ou un nom commun avec article : préposition + accusatif

Ich gehe **in** den Physikraum.
Ich: … **ins** Bad, in **die** Küche!
Ich fahre **in** die Schweiz.

masculin	neutre	féminin	pluriel
in den	**in das** **ins**	**in die**	**in die** …

3. Dire d'où l'on vient

a. Pour indiquer de quelle ville, de quel pays, de quelle région on vient : aus + datif

Ich komme **aus** Berlin / **aus** Österreich / **aus** Bayern.

b. Pour indiquer son itinéraire : von + datif

Ich komme **von** Berlin / **vom** Bahnhof / **von** der Schule.

4. Parler de la date, de l'heure, de la saison :

Le complément de temps est introduit par **am, im, um** ou **zu**.

a. date ou jour : **an** + datif **(am)** — Ich habe **am** 5. Januar Geburtstag.
b. mois ou saison : **in** + datif **(im)** — **Im** Februar 1914 reiste Kandinsky nach Tunesien.
c. horaire : **um** — **Um** 4 Uhr habe ich Mathe.
d. fête : **zu** + datif — **Zu** Weihnachten kommt er nach Paris.

Les prépositions (tableau récapitulatif)

prépositions + accusatif	durch – für – gegen – ohne – um
prépositions + datif	aus – bei – mit – nach – seit – von – zu
prépositions mixtes (directif : accusatif) (locatif : datif)	an – auf – hinter – in – neben – unter – über – vor – zwischen

5. Dire avec qui on fait quelque chose : mit + datif

Ich spreche **mit** meinem Bruder.
Ich gehe **mit** meiner Klasse ins Museum.

masculin / neutre	féminin	pluriel
mit … **m** …	**mit** … **r** …	**mit** … **n** … n

6. Les adverbes démonstratifs

Les adverbes démonstratifs remplacent un groupe prépositionnel ou une proposition. Ils permettent d'établir un lien avec ce qui précède et d'éviter des répétitions. Ils ne peuvent pas être utilisés pour désigner des personnes. Leur formation est simple : ***da*** + **préposition**. Il faut intercaler un ***r*** si la préposition débute par une voyelle : ***da*** + ***r*** + **préposition**.

Warum es nicht so geblieben ist? **Daran** bin ich selbst schuld.
Bist du **für Schuluniformen**? Ja, ich bin **dafür**.

I. Liste de verbes faibles irréguliers

infinitif	prétérit	parfait	sens
brennen	brannte	hat ... gebrannt	brûler
bringen	brachte	hat ... gebracht	apporter
denken	dachte	hat ... gedacht	penser
kennen	kannte	hat ... gekannt	connaître
nennen	nannte	hat ... genannt	nommer
rennen	rannte	ist ... gerannt	courir

II. Liste de verbes forts (par série apophonique)

infinitif	présent	prétérit	parfait	sens courant
	3e personne singulier (er, sie, es ...)			
en a				
ein/laden	lädt ... ein	lud ... ein	hat ... eingeladen	inviter
fahren	fährt	fuhr	ist ... gefahren	aller (véhicule)
tragen	trägt	trug	hat ... getragen	porter
schlagen	schlägt	schlug	hat ... geschlagen	battre
wachsen	wächst	wuchs	ist ... gewachsen	croître, grandir
fallen	fällt	fiel	ist ... gefallen	tomber
halten	hält	hielt	hat ... gehalten	tenir
lassen	lässt	ließ	hat ... gelassen	laisser
schlafen	schläft	schlief	hat ... geschlafen	dormir
fangen	fängt	fing	hat ... gefangen	attraper
en au				
laufen	läuft	lief	ist ... gelaufen	courir
en e				
lesen	liest	las	hat ... gelesen	lire
sehen	sieht	sah	hat ... gesehen	voir
essen	isst	aß	hat ... gegessen	manger
fressen	frisst	fraß	hat ... gefressen	manger (animaux)
geben	gibt	gab	hat ... gegeben	donner
vergessen	vergisst	vergaß	hat ... vergessen	oublier
brechen	bricht	brach	hat ... gebrochen	briser, rompre

nehmen	nimmt	nahm	hat … genommen	prendre
sprechen	spricht	sprach	hat … gesprochen	parler
treffen	trifft	traf	hat … getroffen	rencontrer
helfen	hilft	half	hat … geholfen	aider
werfen	wirft	warf	hat … geworfen	jeter
empfehlen	empfiehlt	empfahl	hat … empfohlen	recommander
gehen	geht	ging	ist … gegangen	aller
stehen	steht	stand	hat/ist … gestanden	être debout, se trouver
en i				
finden	findet	fand	hat … gefunden	trouver
trinken	trinkt	trank	hat … getrunken	boire
verschwinden	verschwindet	verschwand	ist … verschwunden	disparaître
gewinnen	gewinnt	gewann	hat … gewonnen	gagner
schwimmen	schwimmt	schwamm	ist … geschwommen	nager
sitzen	sitzt	saß	hat/ist … gesessen	être assis
en ie				
schießen	schießt	schoss	hat … geschossen	tirer (ballon, fusil)
schließen	schließt	schloss	hat … geschlossen	fermer
genießen	genießt	genoss	hat … genossen	profiter, apprécier
biegen	biegt	bog	hat … gebogen	tordre, courber
bieten	bietet	bot	hat … geboten	offrir
fliegen	fliegt	flog	ist … geflogen	voler (avion)
ziehen	zieht	zog	hat … gezogen	tirer
liegen	liegt	lag	hat/ist … gelegen	être couché, se trouver
en ei				
bleiben	bleibt	blieb	ist … geblieben	rester
entscheiden	entscheidet	entschied	hat … entschieden	décider
schreiben	schreibt	schrieb	hat … geschrieben	écrire
steigen	steigt	stieg	ist … gestiegen	monter
gleichen	gleicht	glich	hat … geglichen	ressembler
greifen	greift	griff	hat … gegriffen	saisir
reiten	reitet	ritt	ist … geritten	monter à cheval
streiten, sich	streitet sich	stritt sich	hat sich … gestritten	se disputer
heißen	heißt	hieß	hat … geheißen	s'appeler
en o				
kommen	kommt	kam	ist … gekommen	venir
en u				
rufen	ruft	rief	hat … gerufen	appeler
tun	tut	tat	hat … getan	faire

III. Liste de verbes forts (par ordre alphabétique)

infinitif	présent	prétérit	parfait	sens courant
	3e personne singulier (er, sie, es ...)			
an/fangen	fängt an	fing an	hat ... angefangen	commencer
an/rufen	ruft an	rief an	hat ... angerufen	appeler (téléphone)
an/ziehen	zieht an	zog an	hat ... angezogen	mettre (un vêtement)
auf/fallen	fällt auf	fiel auf	ist ... aufgefallen	attirer l'attention/frapper l'imagination
aus/steigen	steigt aus	stieg aus	ist ... ausgestiegen	descendre (voiture, train...)
befinden, sich	befindet sich	befand sich	hat sich ... befunden	se trouver
beschließen	beschließt	beschloss	hat ... beschlossen	décider
bewerben, sich	bewirbt sich	bewarb sich	hat sich ... beworben	se porter candidat
biegen	biegt	bog	hat ... gebogen	tordre, courber
bieten	bietet	bot	hat ... geboten	offrir
bleiben	bleibt	blieb	ist ... geblieben	rester
brechen	bricht	brach	hat ... gebrochen	briser, rompre
ein/laden	lädt ... ein	lud ... ein	hat ... eingeladen	inviter
empfehlen	empfiehlt	empfahl	hat ... empfohlen	recommander
entscheiden	entscheidet	entschied	hat ... entschieden	décider
erfahren	erfährt	erfuhr	hat ... erfahren	apprendre (une information)
erfinden	erfindet	erfand	hat ... erfunden	inventer
ergreifen	ergreift	ergriff	hat ... ergriffen	saisir
erhalten	erhält	erhielt	hat ... erhalten	recevoir
essen	isst	aß	hat ... gegessen	manger
fahren	fährt	fuhr	ist ... gefahren	aller (véhicule)
fallen	fällt	fiel	ist ... gefallen	tomber
fangen	fängt	fing	hat ... gefangen	attraper
finden	findet	fand	hat ... gefunden	trouver
fliegen	fliegt	flog	ist ... geflogen	voler (avion)
fressen	frisst	fraß	hat ... gefressen	manger (pour les animaux)
geben	gibt	gab	hat ... gegeben	donner
gefallen	gefällt	gefiel	hat ... gefallen	plaire
gehen	geht	ging	ist ... gegangen	aller
genießen	genießt	genoss	hat ... genossen	profiter, apprécier
gewinnen	gewinnt	gewann	hat ... gewonnen	gagner
gleichen	gleicht	glich	hat ... geglichen	ressembler
greifen	greift	griff	hat ... gegriffen	saisir
halten	hält	hielt	hat ... gehalten	tenir
heißen	heißt	hieß	hat ... geheißen	s'appeler
helfen	hilft	half	hat ... geholfen	aider
kommen	kommt	kam	ist ... gekommen	venir
lassen	lässt	ließ	hat ... gelassen	laisser
laufen	läuft	lief	ist ... gelaufen	courir
lesen	liest	las	hat ... gelesen	lire
liegen	liegt	lag	hat/ist ... gelegen	être couché, se trouver
nehmen	nimmt	nahm	hat ... genommen	prendre

reiten	reitet	ritt	ist … geritten	monter à cheval
rufen	ruft	rief	hat … gerufen	appeler
schießen	schießt	schoss	hat … geschossen	tirer (ballon, fusil)
schlafen	schläft	schlief	hat … geschlafen	dormir
schlagen	schlägt	schlug	hat … geschlagen	battre
schließen	schließt	schloss	hat … geschlossen	fermer
schreiben	schreibt	schrieb	hat … geschrieben	écrire
schwimmen	schwimmt	schwamm	ist … geschwommen	nager
sehen	sieht	sah	hat … gesehen	voir
sitzen	sitzt	saß	hat/ist … gesessen	être assis
sprechen	spricht	sprach	hat … gesprochen	parler
stehen	steht	stand	hat/ist … gestanden	être debout, se trouver
steigen	steigt	stieg	ist … gestiegen	monter
streiten, sich	streitet	stritt	hat sich … gestritten	se disputer
tragen	trägt	trug	hat … getragen	porter
treffen	trifft	traf	hat … getroffen	rencontrer
trinken	trinkt	trank	hat … getrunken	boire
tun	tut	tat	hat … getan	faire
um/ziehen	zieht um	zog um	ist … umgezogen	déménager
um/ziehen, sich	zieht sich um	zog sich um	hat sich … umgezogen	se changer
unterhalten, sich	unterhält sich	unterhielt sich	hat sich … unterhalten	parler, échanger
vergessen	vergisst	vergaß	hat … vergessen	oublier
verlassen	verlässt	verließ	hat … verlassen	quitter
verschwinden	verschwindet	verschwand	ist … verschwunden	disparaître
versprechen	verspricht	versprach	hat … versprochen	promettre
vertragen, sich	verträgt sich	vertrug sich	hat sich … vertragen	(bien) s'entendre
vor/schlagen	schlägt vor	schlug vor	hat … vorgeschlagen	proposer
wachsen	wächst	wuchs	ist … gewachsen	croître, grandir
werfen	wirft	warf	hat … geworfen	jeter
ziehen	zieht	zog	hat … gezogen	tirer

Hörtexte | Transcriptions

piste 3 Bei mir gibt es viel Blau, Lila, Grau und Schwarz. Sind eigentlich so meine Farben. Ich habe 3 Jeans (hellblau, dunkelblau und schwarz), 2 Strickpullis, einen weißen und einen lila und eine bunte Strickjacke. Dazu habe ich noch ein paar T-Shirts, 8, glaube ich, und 2 Sweatshirts: ein weißes und ein marineblaues Sweatshirt mit Kapuze. Ich habe auch ein Kleid, aber ich mag es nicht und trage es nie. Meine Großmutter hat es mir zum Geburtstag geschenkt, aber wenn ich es trage, sehe ich aus wie eine Barbiepuppe. Schrecklich! Ich trage lieber kurze Röcke mit Stiefeln. Mein Lieblingskleidungsstück ist ein violetter Karorock! In diesem Rock fühle ich mich cool und mysteriös… Also mein Schrank ist zwar klein, aber es passen trotzdem viele Sachen hinein! Und was Schuhe betrifft, da variiere ich zwischen Sneaker und Converse, ich habe auch Ballerinas. Die trage ich zum Beispiel, wenn ich auf eine Party gehe.

piste 4 a. Was ziehst du an, wenn du auf eine Party gehst? – b. Was sind deine Lieblingsfarben? – c. Du bekommst 50 Euro zum Geburtstag. Was kaufst du? – d. In welchen Klamotten fühlst du dich wohl?

piste 6 beim – Einkaufen – zielstrebig – Knie – weit – meine – selbstzufrieden – kleiden

piste 9 a. Was wärest du, wenn du eine Farbe wärest? – b. Was wärest du, wenn du ein Hobby wärest? – c. Was wärest du, wenn du ein modernes Gerät wärest? – d. Was wärest du, wenn du ein Tier wärest? – e. Was wärest du, wenn du ein Film oder ein Buch wärest?

piste 11 a. Niemand ist zu Hause... Das mag ich wirklich nicht! Ich fühle mich wirklich … – b. Die Bettina meldet sich immer im Unterricht, spricht ganz einfach die anderen in der Schule an. Nie gibt es ein Problem für sie. Sie ist so … – c. Kennst du Tim, den Neuen aus der 8D? Er ist so lieb. Er hat mir in Mathe geholfen, mir alles erklärt und niemandem davon erzählt. Ich habe noch keinen Jungen getroffen, der so … ist. – d. Christina hat bestimmt ein Problem. Sie spricht niemanden an, hat keine Lust, mit uns zu lachen. Sie sieht so … aus.

piste 12/13 Maler – Mädchen – lache – gefällt – lächelnd – wäre – Farbe – Gerät – Landschaft – Spaß

piste 14 1. Unterschrieben – 2. Daniel – 3. Schauspieler – 4. diesen – 5. wissen

piste 17/18 1. Russisch – 2. Chinesisch – 3. Französisch – 4. Spanisch – 5. Italienisch – 6. Türkisch – 7. Englisch

piste 24 a. Wie heißt die Hauptstadt der Schweiz? – b. Welche Sprachen spricht man in der Schweiz? – c. Wie viel Einwohner hat die Schweiz? – d. Wie heißen die Nachbarländer der Schweiz? – e. Wie heißt Genf auf Französisch?

piste 25/26 1. sah – 2. das – 3. man – 4. als – 5. erkannte – 6. war – 7. Kassetten – 8. dann – 9. gab – 10. ein paar – 11. dass – 12. Stadt

piste 30 Zeichne einen roten Kreis in die Mitte. Zeichne links vom Kreis zwei grüne Dreiecke. Zeichne dann oben links ein blaues Quadrat und eine grüne Linie, die vom Quadrat bis zu den Dreiecken geht. Zeichne zum Schluss ein gelbes Rechteck unten rechts.

piste 33 1. Wann wurde Kandinsky geboren? – 2.Wo studierte Gabriele Münter? – 3. Wohin reiste August Macke im Jahre 1907? – 4. Was ist das Lieblingsmotiv von Franz Marc? – 5. Welche Künstler gründeten den Blauen Reiter? – 6. Wann starb Gabriele Münter? – 7. Wann begann Kandinsky seine Künstlerkarriere? – 8. Wo liegt Murnau? – 9. Wer malte oft elegante Frauen und Männer in Alltagssituationen? – 10. Welche Hobbys hatte Kandinsky?

piste 36 a. Wo liegt die Stadt Weilheim? – b. Wann hat Kandinsky diese kleine Stadt kennen gelernt? – c. Wer entwarf das Projekt „Ein Kandinsky für Weilheim"? – d. Wie viel Schüler und Schülerinnen nahmen am Projekt teil? – e. Welchen Preis bekam Weilheim im Jahre 2008? – f. Wer ist Henning Sieverts? – g. Wo interpretiert er seine Kompositionen?

piste 37 1. Haar – 2. Himmel – 3. heißen – 4. und – 5. heute – 6. ins – 7. Herr – 8. eigentlich – 9. anders

piste 40 Mein Zimmer ist klein aber hell, denn es gibt ein großes Fenster. Eine Wand ist in der Farbe hellgrau gestrichen und eine andere in der Farbe lila. Mein Schreibtisch ist neben dem Fenster, wie auch meine Pflanze. Die habe ich zu meinem Geburtstag bekommen! In meinem Zimmer ist es oft aufgeräumt... Nur einige Bücher liegen auf meiner Kommode!

piste 42 Mein Traum? Nicht immer am selben Ort wohnen und dem Wasser nah sein. – Ich fühle mich wie ein Kind! In der Natur leben macht mir Spaß! – Ein Haus, das „umziehen" kann in Deutschland? Ja, das ist jetzt möglich. – Wo kann man zugleich die Umwelt schützen, weniger Geld ausgeben und eine schöne Aussicht genießen?

piste 44 Ludwig II. – im Jahre 1845 – seit dem 4. Mai 1864 – 1886 – aus dem 18. Jahrhundert

piste 45/46 1. unser – 2. früher – 3. fünf – 4. Wohnungen – 5. zusammen – 6. und – 7. um

piste 53 1. draußen – 2. Alptraum – 3. Frau – 4. Anorak – 5. von – 6. Hausmeister – 7. Kauf – 8. sonst – 9. morgen – 10. aus

piste 56 a. Welche Erfindung hat einen Motor, vier Räder und fährt? – b. Welche Erfindung kann dem Arzt zeigen, wenn ein Knochen gebrochen ist? – c. Welche Erfindung hilft uns, wenn wir Kopfschmerzen haben? – d. Welche Erfindung hilft uns, wenn wir ein Referat machen und nach Informationen suchen müssen? – e. Welche Erfindung ist wichtig, wenn wir einen Unfall mit dem Auto haben?

piste 58 a. Jeden Tag ist es immer dasselbe Problem! Ich vergesse Schulsachen auf meinem Schreibtisch! Das macht Stress! – b. Heute fühle ich mich nicht wohl. Mein Kopf tut mir weh. Was kann ich tun? – c. Die Geschichtslehrerin hat uns gesagt, wir sollen für morgen ein Referat machen. Das ist zu schwer... Das schaffen wir einfach nicht! Wer kann uns helfen? – d. Ich ziehe mich schick an, aber ich weiß, dass wir Döner essen werden. Wie schaffe ich es, mein Kleid nicht schmutzig zu machen? – e. In die Schule fahren ist echt gefährlich. Wenn ich nach links fahren möchte, habe ich immer Angst, dass der Autofahrer hinter mir das nicht sieht und nicht langsamer fährt. Was kann ich tun?

piste 59 1. solange – 2. es – 3. uns – 4. so – 5. etwas – 6. ins – 7. Haus – 8. Phase – 9. ihres – 10. Exorzismus – 11. gesagt

piste 62 a. Alexander von Humboldt wurde im Jahre 1769 geboren. – b. Er studierte von 1787 bis 1790 in Frankfurt an der Oder und in Göttingen. – c. 1799 reiste er nach Spanien. – d. Der Vulkan Chimborazo ist 6000 Meter hoch. – e. Alexander von Humboldt starb mit 90 Jahren.

piste 68 1. Sümpfe – 2. Manzanares – 3. Zitteraale – 4. Sie – 5. diese – 6. zu

piste 70 1. Was bedeutet „tegula" auf Deutsch? – 2. Wie sagt man „Stern" auf Latein? – 3. Was bedeutet Caseus auf Deutsch? – 4. Wie sagt man „Komm mit mir" auf Latein? – 5. Was bedeutet „nivea" auf Deutsch? – 6. Was tranken die Römer?

piste 73 Latein habe ich seit zwei Jahren. Anfangs hatte ich keine Lust, Latein zu lernen. Ich dachte, Latein ist ja eine tote Sprache: Wer spricht heute Latein? Aber meine Eltern haben mir gesagt, dass es für das Studium wichtig ist. Ich möchte Arzt werden oder Archäologe und für beides wird Latein verlangt. Ich habe also ja gesagt, warum nicht. Seitdem bin ich ein Lateinfan geworden! Am meisten gefällt mir Mythologie. Da gibt's spannende Geschichten. Abenteuer, Action, Liebe und Hass, wahre Freundschaft... Das ist toll! Wir sprechen auch oft über Grammatik, die lateinische und auch die deutsche. Das finde ich nicht so interessant, aber jetzt verstehe ich die deutsche Grammatik besser. Latein macht einfach Spaß.

piste 75 1. Wann wurde der Limes gebaut? – 2. Wie lang und wie hoch war der Limes? – 3. Wie viele Soldaten bewachten den Limes? – 4. Wann wurde der Limes aufgegeben? – 5. Wann wurde die Stadt „Augusta Treverorum" gebaut? – 6. Wie heißt diese Stadt heute? – 7. Was ist das Wahrzeichen der Stadt?

piste 76 Träume – auf – träumt – Wettläufen – Lauf – Haus – Bäume

piste 79 Lukas, du hast also beim Lauf gegen den Hunger mitgemacht. Wie war's?
Es hat viel Spaß gemacht! Wir waren alle sehr motiviert... Jeder hat sein Bestes getan. Ich bin 10 Kilometer gelaufen. Ich hatte 3 Sponsoren: meine Eltern, meine Oma und Herrn Weber, unseren Mathelehrer. Sie hatten sich entschlossen, zwischen 30 Cent und 1 Euro pro gelaufenem Kilometer zu spenden. Ich habe also 17 Euro gesammelt. Alles war super organisiert. Es gab mehrere Stände, wo man Getränke bekommen konnte. Wie ich mich jetzt fühle? Sehr stolz! Unsere Schule hat 2150 Euro gesammelt. Damit werden wir Kindern in Afrika helfen können. Das finde ich toll. Gerne werde ich nächstes Jahr wieder dabei sein!

piste 80 1. Alltag – 2. Aktion – 3. aktiv – 4. AG – 5. Artikel – 6. Arbeit – 7. Afrika

piste 81 a. 2100 – b. 2012 – c. 500 – d. 380

piste 82 1. wie – 2. vielleicht – 3. von – 4. wir – 5. versammeln

piste 84 Ich esse sehr oft Schokolade. Am liebsten Vollmilch. Sie muss natürlich gut schmecken, das ist klar. Und wenn sie billig ist, ist das auch gut. Aber ich bezahle gern mehr, wenn dann die Bauern mehr Geld bekommen für ihre Arbeit. Fairen Handel finde ich gut!

piste 86 a. Was garantiert der Faire Handel? – b. Welche Produkte kann man im fairen Handel kaufen? – c. Welche Produkte aus dem fairen Handel würdest du gerne kaufen?

piste 87 1. von – 2. bekommen – 3. Lohn – 4. so – 5. ob – 6. oder

piste 90 1. Warum ist Siegfried zu Herrn Mime gegangen? – 2. Warum hat Herr Mime ihn schließlich weggeschickt? – 3. Wie ist Siegfried fast unverwundbar geworden? – 4. Wer sind Nibelung und Schilbung? – 5. Wie heißt Siegfrieds Zauberschwert? – 6. Wer bewachte den Nibelungenschatz?

piste 93 . ganzen – 2. Nibelungen – 3. gehen – 4. Empfang – 5. Berg – 6. hervorgestiegen – 7. Weg